antônio campos

resistir na era das incertezas

REFLEXÕES SOBRE UMA
HUMANIDADE MAIS CONSTRUTIVA

Diretora
Rosely Boschini

Gerente Editorial Sênior
Rosângela de Araujo Pinheiro Barbosa

Editora Júnior
Rafaella Carrilho

Assistentes Editoriais
Larissa Robbi Ribeiro e Fernanda Costa

Produção Gráfica
Fábio Esteves

Preparação
Amanda Oliveira

Capa
Vanessa Lima

Projeto Gráfico
Beatriz Borges

Diagramação
Linea Editora

Revisão
Wélida Muniz e Algo Novo Editorial

Impressão
Assahi

Caro leitor,
Queremos saber sua opinião sobre
nossos livros.
Após a leitura, curta-nos no
facebook.com/editoragente,
siga-nos no Twitter **@EditoraGente**
e no Instagram **@editoragente**
e visite-nos no site
www.editoragente.com.br.
Cadastre-se e contribua com
sugestões, críticas ou elogios.

Copyright © 2023 by Antônio Campos
Todos os direitos desta edição
são reservados à Editora Gente.
Rua Natingui, 379 – Vila Madalena
São Paulo, SP – CEP 05443-000
Telefone: (11) 3670-2500
Site: www.editoragente.com.br
E-mail: gente@editoragente.com.br

Dados Internacionais de Catalogação na Publicação (CIP)
Angélica Ilacqua CRB-8/7057

Campos, Antônio
    Resistir na era das incertezas : reflexões sobre uma humanidade mais construtiva / Antônio Campos. - São Paulo : Editora Gente, 2023.
    224 p.

    ISBN 978-65-5544-220-5

    1. Crônicas brasileiras 2. Reflexões I. Título

22-6914

CDD B869.8

Índice para catálogo sistemático
1. Crônicas brasileiras

Nota da publisher

Você acredita no poder da palavra? Em japonês, existe uma expressão, *kotodama*, que, de modo bastante simples e resumido, consiste na força espiritual que habita cada palavra proferida. Para mim, que sempre fui apaixonada por livros e pelo poder de transformação na vida das pessoas, o *kotodama* não poderia fazer mais sentido.

Quando me deparei com esta série de crônicas do fascinado pela cultura Antônio Campos, logo percebi quanto poder cada palavra tinha. E não só poder, mas esperança, resistência, sentido... Com reflexões preciosas sobre a era de incertezas e crises em que vivemos, o escritor e advogado também olha para a arte, para a paixão, para a beleza – tão importantes para reduzir, ainda que minimamente, a tal da angústia moderna.

Resistir na era das incertezas é um convite àquele respirar fundo que, muitas vezes, não nos permitidos em meio a uma rotina atarefada. Daqui, não espere respostas, ao contrário, aproveite os questionamentos que esta obra lhe trará, elabore suas próprias indagações e desfrute do poder de cada palavra.

Rosely Boschini
CEO e Publisher da Editora Gente

*À Ana Arraes, minha mãe,
com meu amor e gratidão.*

"Vencer é a própria
capacidade de resistir."

Maximiano Campos

Prefácio 11

Introdução: Viver é resistir 25

Capítulo 1: O sentido no mundo contemporâneo

O poder emblemático das cinzas na arte de Vik Muniz 35
O contemporâneo 39
Resistir em tempos de crise 43
A via para o futuro 47
A resistência de Hessel 49
O legado de Camus 51
O presente desejável 55
A mudança vem das redes e das ruas 59

Capítulo 2: Seja tolerante

65 Jorge, amado do brasil
71 Diálogo entre culturas
75 Eva Schloss, a luta contra a intolerância
79 O manuscrito de Paulo Coelho
83 A paz de Portinari para o mundo

Capítulo 3: Utilize a tecnologia a seu favor

Sozinhos juntos 89
Butão high-tech 93
Conectivismo 95
Guerra de piratas 99
Guerra global das mídias e das culturas 105
Ler é jogar 109
Mario Vargas Llosa, um olhar contemporâneo 113
A criação destruidora 119

Capítulo 4: Encontre sua expressão artística

127 MoMA, o museu
129 ArtRio e Bienal SP
133 Do lixo ao Oscar
135 Inhotim, arte e natureza

Capítulo 5: Envolva-se com a natureza

Francisco Brennand e sua visão ecológica da vida **141**
Christina Oiticica e sua arte de "pintar quadros" **147**
A causa da água **153**
O mar de Maria Bethânia **157**
Gênesis, por Sebastião Salgado **161**

Capítulo 6: Exerça a sua humanidade

167 A leste do Éden
171 O poder de Eros
175 O Sagrado *Kama Sutra*
177 Casanova
181 George Harrison e o misticismo
183 O amor no contemporâneo

Capítulo 7: Conecte-se com o divino

Poemas que inspiram **189**
Criação imperfeita **195**
A beleza salvará o mundo **199**
Jogo de Deus **203**

Capítulo 8: Acredite no amor

211 O maior dos dons
217 O amor e a religião no futuro

Conclusão: O mundo como vontade e representação, Schopenhauer 222

Prefácio

Nietzsche, em seu livro *A vontade de poder*,[1] diz que o poder de uma vontade é medido pela maneira de se enfrentar adversidades. Sendo a vida trágica e dolorosa, a capacidade de resistir aos incômodos dela resulta em proveito de quem o consiga. Força, luta e resistência são três palavras-chave da ideia nietzschiana de poder. E o total da força empregada é definida pela ação que atua e pela que resiste, afirma o filósofo alemão.

Embora não se distancie totalmente desses princípios nietzschianos, o que propõe o escritor Antônio Campos no título da introdução aforística deste livro não é a ação como oposta à resistência, mas a síntese delas em um todo. Como se ao afirmar que "viver é resistir" deixasse implícito um convite ao quiasmo: *resistir é viver*.

---

1. NIETZSCHE, F. **A vontade de poder**. Rio de Janeiro: Contraponto Editora, 2008.

Sabem os apreciadores do pugilismo que tão importante quanto atacar e atingir o adversário é a capacidade de assimilar e suportar bem os ataques recebidos. Embora, no caso deste livro de Antônio Campos, talvez caiba associar a metáfora do boxe ocidental à mentalidade presente no *shaolin chuan* oriental. Este último ligado a controlar, concentrar, dirigir e fazer uso do *Chi*, a energia interior. Sem o *Chi* não existe a força, que nunca se traduz em gritos ou ferocidade. O *Chi* pode estar presente em todo ataque a partir da concentração correta, pois a vontade deve ser comandada por ele.

Se nesse jogo de agir/reagir cabem um filósofo alemão e os aptos nas artes marciais do extremo Oriente, também se aplica a um guerreiro brasileiro. Como o que louvou o poeta maranhense Gonçalves Dias na sua tão conhecida "Canção do tamoio":[2] "a vida/ é luta renhida:/ viver é lutar".

Nesta obra, o escritor Antônio Campos reúne uma série de reflexões amadurecidas ao longo dos anos. Significa que associada à própria vivência – "o saber de experiências feito", de Camões – está a leitura; na verdade, as múltiplas leituras de autores tão variados e diferentes quanto são o grego Níkos Kazantzákis, o português Fernando Pessoa, o polonês Zygmunt Bauman, os franceses Edgar Morin e Stéphane Frédéric Hessel, o

---

2. DIAS, A. G. Canção do tamoio. UFPE. Disponível em: https://www.cin.ufpe.br/~scbs/diocesano/tamoio.html. Acesso em: 12 dez. 2022.

alemão Hölderlin, o espanhol Antônio Machado e muitos outros.

A multiplicidade das fontes referidas neste livro aponta para uma ética e uma estética em que ora a frase serve de adorno, ora de elemento de sustentação. Barroco e clássico a um só tempo. Ou seja, algumas boas frases podem servir de destilação de sabedoria, na ênfase da seriedade ou da gravidade, também de *mot d'esprit.* Importam, sobretudo, pelo que trazem de inspiração e de exemplo. Como se, ao reunir uma imensa fraternidade de grandes nomes no sumo de algumas reflexões, o escritor repetisse a frase atribuída a Newton e que era especialmente do agrado do escritor pernambucano Edson Nery da Fonseca: "apoio-me nos ombros de gigantes".

Luta, resistência e vida são palavras semeadas neste livro às dezenas, às centenas. Talvez porque acredite o autor da obra que lutar com palavras não seja a luta mais vã. Que encontrara no pernambucano João Cabral de Melo Neto um antídoto para a melancolia do mineiro Carlos Drummond de Andrade ou até mesmo o húngaro László Krasznahorkai com a sua melancolia de resistência.

No romance do húngaro, *Melancolía de la Resistencia,*[3] o cenário torna-se ainda mais cinzento porque é dominado pelo totalitarismo. A inteligência está esmagada por uma força cega de violência bruta, no plano físico,

---

3. KRASZNAHORKAI, L. **Melancolía de la Resistencia**. Barcelona: Acantilado, 1989.

refletido na ironia, no humor ácido do âmbito, digamos, metafísico. Os personagens se submetem ao conformismo e admitem a própria insignificância, e não conseguem instilar nenhuma cor nesse mundo.

> Lutar com palavras
> é a luta mais vã.
> Entanto lutamos
> mal rompe a manhã.[4]

São versos dos mais conhecidos de Carlos Drummond de Andrade. Curiosamente escritos em um ritmo que, talvez inconscientemente, remete à "Canção do tamoio", já citada. O lutador do mineiro luta com a palavra lida e escrita; o do maranhense, com as lidas da vida em si mesma, sem mistificação. Mas terminam por encontrar-se, pois a conclusão drummondiana é que "inútil duelo/ jamais se resolve", pois:

> Cerradas as portas,
> a luta prossegue
> nas ruas do sono.

Inútil luta e inútil duelo são expressões críticas a um mundo cujo utilitarismo não resulta na felicidade. Se, no caso, para referir o texto do poeta César Leal, a palavra

---

4. ANDRADE, C. D. O lutador. *In:* ANDRADE, C. D. **Nova reunião**: 23 livros de poesia. São Paulo: Companhia das Letras, 2015. p. 89.

pode ser considerada como forma de ação, qual tipo de ação será? A do ócio, épico paradoxalmente em sua inutilidade, seja na premissa de Nuccio Ordine – *A utilidade do inútil* – seja no corolário do poema "O artista inconfessável",[5] de João Cabral de Melo Neto:

> Fazer o que seja é inútil.
> Não fazer nada é inútil.
> Mas entre fazer e não fazer
> mais vale o inútil do fazer.

A palavra-chave aí é "fazer", tradução literal de poesia, entendendo-se, é claro, o poeta como fazedor. Noutro poema, "Morte e vida severina",[6] João Cabral de Melo Neto afirmou que é difícil defender, só com palavras, a vida, mas termina por entender que as melhores respostas não estão nas palavras, mas na própria vida, ou, na sua citação direta:

> E não há melhor resposta
> que o espetáculo da vida:
> vê-la desfiar seu fio,
> que também se chama vida,
> ver a fábrica que ela mesma,

---

5. MELO NETO, J. C. **O artista inconfessável**. Rio de Janeiro: Editora Alfaguara, 2007.
6. MELO NETO, J. C. **Morte e vida severina**. Rio de Janeiro: Editora Alfaguara, 2016.

teimosamente, se fabrica,
vê-la brotar como há pouco
em nova vida explodida;
mesmo quando é assim pequena
a explosão, como a ocorrida;
mesmo quando é uma explosão
como a de há pouco, franzina;
mesmo quando é a explosão
de uma vida severina.

Antônio Campos nasceu e vive na mesma região e na mesma cidade em que viveu o poeta que defendeu com palavras a vida e com a vida as palavras. É nesse tipo de ética e estética em que ele aposta quando faz da resistência o sinônimo da vida. Como dentes de Cadmo, as palavras "vida" e "resistência" estão semeadas ao longo deste livro. Ao reunir as duas e fecundá-las, o autor preferiu os verbos aos substantivos: "Viver é resistir". Ou, nas próprias palavras dele, que partem de uma reflexão de Katzantzákis para concluir: "Apesar de todas as guerras, catástrofes e crises morais, existenciais e de valores, o homem resistiu e sobreviveu ao longo dos séculos. A vida é um processo contínuo de resistência."

Estamos, portanto, no *território da palavra* (outra expressão do autor). Palavra significa imagem, metáfora, metonímia, alegoria, ou, em uma expressão mais prática: figuras de linguagem. A resistência serve assim como espiritualização da alavanca. Foi a partir dela que o ser humano conseguiu mover coisas no mundo. Porventura, a primeira de suas alavancas talvez não tenha sido artificial, e sim natural. Seus pés. Eles suportam os pesos por qualidade de resistência, mas também são pontos de apoio e de potência.

Resistência = existência. A rima, no caso deste livro, parece ser a solução buscada para suplantar os cartesianismos de sentido comum. A própria definição de resistência no sentido da física, em um livro antigo, nos ensina assim:

> Tudo o que se opõe a uma potência ou força, se chama resistência. Esta resistência varia segundo a matéria ou o objeto a que se aplica a força: pode ser um peso que se quer levantar, como um balde de água que se vai retirar de um poço; ou um corpo que se trata de fazer andar, como um vagão de trem; uma roda a que dar volta, como em um moinho; partículas que comprimir, como em um fardo de algodão; ou há coesão que dividir, como na lenha que se parte. Mas como a maneira mais comum em que se oferece a resistência é na forma de um peso que se propõe elevar costuma-se falar na mecânica do peso e da resistência como sinônimos, isto é, uma força que se opõe à potência motriz.

Luta, resistência e vida são palavras semeadas neste livro às dezenas, às centenas.

São coisas externas ao humano. No entanto, é preciso encontrar nele, em si, na sua subjetividade e objetividade, os elementos que afirmem ou reafirmem a força. Um bom esclarecimento encontra-se no *Antimanual de Filosofia*, de Michel Onfray:[7]

> Comprovamos que o chimpanzé e o homem se distinguem na maneira de responder às necessidades naturais. O macaco permanece prisioneiro de sua bestialidade, enquanto o homem pode desfazer-se dela, parcialmente, totalmente, ou então diferi-la, resistir, superá-la, dando-lhe uma forma específica. Daí vem a cultura. Frente às necessidades, aos instintos, às pulsões que dominam o animal totalmente e o determinam, o homem pode escolher exercer sua vontade, sua liberdade, seu poder de decisão. Ali onde o chimpanzé sofre a lei de suas glândulas genitais, o homem pode lutar contra a necessidade, reduzi-las, e inventar a liberdade.

Este livro de Antônio Campos não tem a pretensão de ser um manual ou antimanual de filosofia. É, na sua inteireza, um hino de amor à literatura, à liberdade e à vida; ao humanismo esclarecido pela energia vital que

---

7. ONFRAY, M. **Antimanual de Filosofía**. Espanha: Edaf Ensayo, 2016.

pode ser potencializada pela linguagem. Trata-se, portanto, de uma fé irrestrita no divino e no humano, porque o humano contém o divino, e o escritor, como metaforização do demiurgo, reúne tanto o divino quanto o humano nas suas recriações e recreações.

Lemos em um livro antigo sobre higiene – que pode servir a uma reflexão tanto sobre o corpo e suas práticas quanto sobre a mente e suas inflexões:

> Quando o rosto está inclinado para baixo, a potência está na frente e a resistência na parte posterior do crânio; mas, quando está levantada a face, a potência está detrás e a resistência na frente. A mesma alteração ocorre na pélvis, segundo que o corpo esteja dobrado para adiante ou lançado para trás sobre as pernas. Finalmente, quando os dedos tocam o solo no ato de pisar, a potência está no calcanhar, e a resistência no dorso do pé; pelo contrário, quando os dedos se levantam para repetir o mesmo ato, a potência está no dorso e a resistência no calcanhar, constituída na realidade pela inercia e elasticidade dos músculos e demais partes posteriores da perna. Mas em todos esses casos a alavanca é sempre de primeiro nível, pois que em todos se verifica que o ponto de apoio, ao redor do qual gira, se acha entre a potência e a resistência.

Ao defender a vida como resistência, Antônio Campos se posiciona. Em suma, desenvolve uma ideia de poder. Isto significa que acredita, literal e literariamente, na sua força e na sua energia para discorrer sobre os mais variados assuntos do mundo atual. Há ousadia em escrever ao mesmo tempo sobre os caminhos do futuro, o presente desejável e o legado de Camus. O mundo real e o virtual, das ruas e das redes. Sobre Jorge Amado, Paulo Coelho, Eva Schloss, Portinari e outros personagens da grande novela do tempo atual, para tratar da substância no sentido coletivo, e não apenas individual. Por maiores que sejam os homens e as mulheres, são pequenas células diante de temas tão complexos como a tolerância, as tecnologias, a paz, o desejo, a prosperidade, o sucesso, ou no gigantismo de algo tão do agrado do autor: a contemporaneidade.

É sugestivo que o primeiro capítulo deste *Resisir na era das incertezas* seja justamente "O sentido no mundo contemporâneo". Sublinhe-se que não é "do", mas "no"; e com isto, abraça a velha questão que tanto serve ao Monty Python quanto a Miguel Gonçalves Mendes ou a qualquer um dos leitores: qual é o sentido da vida.

Há praticamente um século (1923), José Ortega y Gasset publicou *El Tema de Nuestro Tiempo*.[8] Se pudesse escrever de novo esse livro é provável que trocasse o singular pelo plural. A contemporaneidade é, na sua

---

8. GASSET, J. O. **El Tema de Nuestro Tiempo**. Espanha: Austral, 2003.

imprecisão, a era da complexidade, palavra que sendo usada para tanta coisa termina por ser uma forma de simplificação.

A resistência é, na forma como aparece neste livro, uma ética de atitude diante e dentro da existência. De solidão e de convívio.

Depois de um conjunto de artigos breves sobre temas variados, é sintomático que todos os capítulos seguintes tenham títulos assertivos como parte de uma homilia, ou uma lição: "Seja tolerante", "Utilize a tecnologia a seu favor", "Encontre sua expressão artística", "Envolva-se com a natureza", "Exerça a sua humanidade", "Conecte-se com o Divino". Por fim, a palavra que dá título ao oitavo capítulo parece ser o resumo: "Acredite no amor". Este é o seu motivo, o seu mote, o seu modo de dizer "sim" à vida e a todos os seus desafios, começando pelos da linguagem, cuja conclusão é de recomeçar, se preciso, resistir e avançar até a última linha, pensando que, mesmo depois dela, algo mais haverá, segundo a verdade do espírito. Neste ponto, melhor citar as próprias palavras do autor:

> Deus permitiu que eu visse, à minha maneira, que o grande tema da vida é o amor. É possível que, desde então, o meu entendimento sobre a vida, no lugar de ficar resolvido, tenha-se tornado um mistério, mas o meu espírito, finalmente, logrou ficar mais próximo da paz.

Todos os livros são, de certa maneira, caixas de Pandora. Inclusive este, é claro. Contém a fé e o amor que nutre o autor pela vida, mas conclui-se com uma palavra simples e essencial: esperança. A mais humilde das virtudes, a mais resiliente, a que ensina e guia as mãos de quem o escreve em uma frase definidora de um livro e de um lema de vida: viver é resistir.

Mario Helio Gomes
Jornalista, escritor e doutor em Antropologia
pela Universidade de Salamanca (Espanha)

Introdução: Viver é resistir

Nesta época, chamada de pós-utopia ou era das ilusões, tem sobrado pouco espaço para se falar de existência e propósito de vida. Tem sido um período no qual grandes ideais foram implodidos e que está sendo fortemente marcado por uma crise profunda na identidade humana.

A história nos ensina que os acontecimentos ao longo dos séculos são cíclicos e que, a não ser pela inovação tecnológica, o ser humano é basicamente o mesmo que sempre foi: um amontoado de desejos e sentimentos que se repetem ao longo do tempo. Seus anseios giram em torno de quatro pontos: glória, poder, amor e dinheiro.

Atualmente, mascaramos a ideia da morte com a supervalorização do corpo e das sensações. É como se fosse um recurso para não refletirmos sobre o fim da consciência social. Os ideais transcendentais cederam lugar ao imediatismo do prazer, da forma física, da juventude, da beleza e do materialismo.

Alexis de Tocqueville, em sua obra *A democracia na América*,[9] escreveu linhas premonitórias falando desse individualismo exacerbado:

> Quero imaginar sob quais novos traços o despotismo poderia se produzir no mundo: vejo uma multidão incontável de homens semelhantes e iguais que gira incessantemente em torno de si mesma para obter prazeres pequenos e vulgares com os quais preenche a própria alma. Cada um deles, retirado à parte, se sente como que estrangeiro ao destino de todos os outros, seus filhos e seus amigos particulares formam para ele toda a espécie humana; quanto ao restante de seus concidadãos, está ao lado deles, mas não os vê; toca-os e não os sente; ele só existe em si mesmo e para si mesmo, e quando ainda lhe resta uma família, podemos dizer que não tem mais pátria.

Revitalizou-se. E as grandes questões filosóficas, econômicas, políticas ou militares despertam aproximadamente a mesma curiosidade desenvolta que qualquer notícia de jornal. Todas as "alturas" afundam pouco a pouco, arrastadas na vasta operação social de

9. TOCQUEVILLE, A. **A democracia na América**. São Paulo: Edipro, 2019.

neutralização e banalização. Apenas a esfera privada parece sair vitoriosa dessa onda de apatia; livrar-se do complexo de Deus, esperar pelas férias: viver sem ideal, sem finalidade transcendente, tornou-se possível.

Vivemos uma era de contradições e incertezas. As gerações se julgam fadadas a refazer o mundo. Agora, talvez, a nossa tarefa seja ainda maior: impedir que o mundo não se desfaça.

O inferno de Dante é um reflexo pálido dos horrores das guerras, da fome, das catástrofes, dos ódios e das incompreensões de nossa era.

E qual será o caminho? O escritor Italo Calvino, em *As cidades invisíveis*,[10] nos dá uma pista:

> O inferno dos vivos não é algo que será; se existe, é aquele que já está aqui, no qual vivemos todos os dias, que formamos estando juntos. Existem duas maneiras de não sofrer. A primeira é fácil para a maioria das pessoas: aceitar o inferno e tornar-se parte deste até o ponto de deixar de percebê-lo. A segunda é arriscada e exige atenção e aprendizagem contínuas: tentar saber quem e o que, no meio do inferno, não é inferno, e preservá-lo, e abrir espaço.

---

10. CALVINO, I. **As cidades invisíveis**. São Paulo: Companhia das Letras, 2002.

Como ele diz: é preciso abrir espaço para um mundo mais fraterno e mais justo.

Níkos Kazantzákis[11] nos inquieta:

> Desvendar o mistério que me dá a vida e a morte; saber se uma presença invisível e imota se esconde além do fluxo visível e incessante do mundo.
>
> Pergunto e torno a perguntar, golpeando o caos: quem nos plantou nesta terra sem nos pedir licença?
>
> Sou uma criatura fraca e efêmera, feita de barro e sonhos. Mas sinto em mim o turbilhonar de todas as forças do Universo.
>
> Antes de ser despedaçado, quero ter um instante para abrir os olhos e ver. Minha vida não tem outro objetivo. Quero achar uma razão de viver, de suportar o terrível espetáculo diário da doença, da fealdade, da injustiça e da morte.
>
> Vim de um lugar obscuro, o Útero; vou para outro lugar obscuro, a Sepultura. Uma força me atira para fora do abismo negro; outra força me impele irresistivelmente para dentro dele.

Apesar de todas as guerras, catástrofes e crises morais, existenciais e de valores, o homem resistiu e

---

11. KAZANTZÁKIS, N. **Ascese**: os salvadores de Deus. São Paulo: Ática, 1997.

O impulso da vida e mesmo a arte são, paradoxalmente, atos de resistência ou uma grande briga do homem com a morte.

sobreviveu ao longo dos séculos. A vida é um processo contínuo de resistência.

O impulso da vida e mesmo a arte são, paradoxalmente, atos de resistência ou uma grande briga do homem com a morte, este derradeiro encontro que nos é dado e a que estamos condenados desde que nascemos.

O homem precisa melhor compreender o sentido da vida e da morte e aprender a conviver com a dor, porque, ao ter consciência da transcendência de seu papel, esta ganha dimensão de eternidade.

Talvez Vinicius de Moraes tenha razão em dizer que é melhor viver do que ser feliz. O propósito da vida não é necessariamente a busca da felicidade. É mais interessante na vida a curiosidade, os desafios, o bom combate com as vitórias e as derrotas. A busca de harmonia. A vida é mais uma busca do que um encontrar. Fernando Pessoa fala sobre a verdadeira história da humanidade.

> Ah, quem escreverá a história do que poderia ter sido?
> Será essa, se alguém escrever,
> a verdadeira história da humanidade.
> [...]
> O que não há somos nós, e a verdade está aí.
> [...]
> Sou quem falhei ser.
> Somos todos quem nos supusemos.

A nossa realidade é o que não conseguimos nunca.[12]

Muitos já falaram com maior maestria e conhecimento do que eu sobre a dor e a delícia de viver. Contudo, faz-se necessário pregar, mais do que nunca, um novo humanismo para o século XXI. Um em que o ser humano enfim se convença de que a grande viagem a ser feita é em torno de si mesmo, em busca da própria identidade, e que a grande descoberta é a do outro – seu irmão – por meio da fraternidade e da solidariedade

Todo mundo pode nascer uma segunda vez ao dar um sentido à sua vida, fazendo-a valer a pena. A arte de viver é resistir em defesa da vida e dos valores essenciais humanos. Jamais perdi a esperança.

Texto do livro Território da palavra,[13] *de Antônio Campos*

---

12. PESSOA, F. "Pecado original". *In*: PESSOA, F. **Poesias de Álvaro de Campos**. Lisboa: Ática, 1944. Disponível em: http://arquivopessoa.net/typographia/textos/arquivopessoa-81.pdf. Acesso em: 12 out. 2022.
13. CAMPOS, A. **Território da palavra**. São Paulo: Escrituras, 2008.

Capítulo 1

O sentido no mundo contemporâneo

O poder emblemático das cinzas na arte de Vik Muniz

Sempre tive um certo encanto pelo poder simbólico e emblemático das cinzas, por certas coisas que, antes, eram testemunho de vida, apogeu, glória e beleza, e que passaram a ser vistas, com o decorrer impiedoso do Tempo e das circunstâncias humanas, como ruínas. O belo suprassubstancial da Beleza pode ser extraído, também, daquilo que virou cinzas, o Nada do pensamento hebraico, o Nada que tem sentido, como uma infinidade de sentidos e significados não meramente históricos, como as cinzas. Lembre-se de que a Fênix, quando volta, torna-se ainda mais bonita do que um dia já foi.

Vik Muniz, esse paulista de origem pernambucana, radicado nos EUA, assim como foi outro esteta também genial como ele, o paisagista Roberto Burle Marx, sabe, como talvez único de sua geração brasileira de grandes inventores de símbolos, tirar do Nada, das Cinzas, (esse parente próximo do niilismo), um proveito estético de imensa criatividade.

Inspirado nas cinzas que restaram da secular construção incendiada do Museu Nacional, do Rio de Janeiro, Vik criou uma obra de arte em que belo efeito simbólico foi obtido, segundo uma distribuição perfeitamente adequada de partes, em relação ao seu projeto almejado. As cinzas foram a essência de sua obra de arte, que está despertando grande interesse e curiosidade dos que frequentam galerias de arte aqui em Nova York.

Essa foi a impressão que me causou, durante horas, a exposição em uma famosa galeria de arte que acabo de visitar na cidade, desse artista plástico que tem como "vício" descobrir novas formas de expressão. Para muitos, seria inimaginável tamanha ousadia: extrair do Nada uma pluralidade de formas, de fluxos imagéticos, como as que tive o prazer de conferir nesses dias em Nova York. Da mesma forma que ele extraiu das nuvens do inverno nessa cidade uma série de surpreendentes fotos, sendo ele, também, um grande fotógrafo do cotidiano.

O Minimalismo que se tornou marca do seu trabalho é o que mais se sobressai nesta hora Vikiana – em que a coisa vira outra – cheia de surpresas, desafios, enigmas, elaborando uma ontologia de modo artístico. Não quero perder a oportunidade, nesses breves dias nova-iorquinos, de conhecer um dos seus trabalhos mais recentes:

os 37 mosaicos que decoram as paredes internas de um trecho do metrô da cidade.

A obra foi inaugurada em dezembro de 2016, durou aproximadamente três anos para ser concluída, e visa retratar os distintos tipos de pessoas que frequentam o metrô.

Vik Muniz, na essência, é um artista plástico que tem a coragem de dividir o que é aparentemente real em compartimentos estanques, completamente incomensuráveis, ininteligíveis. Aquilo, julgo eu, que o espectador visitante não pode compreender com facilidade, pois remete a realidades primariamente incompreensíveis, inabarcáveis. Além da pintura, ele trabalha com a produção de esculturas e fotografias. Vik preenche seu tempo com pesquisas e trabalhos midiáticos a serviço do laboratório do Instituto de Tecnologia de Massachusetts. Em seu currículo constam exposições na Flórida, em Miami, em Montreal, em Nova York, no México, no Canadá, na Austrália e no Rio de Janeiro. Diante de um Vik, é como estar diante de um Francisco Brennand ou de um João Câmara: é preciso estar preparado para tudo.

Não vejo a hora de um dia, que não esteja distante, Vik Muniz, reconhecido internacionalmente e elogiado pela melhor crítica, voltar às suas origens pernambucanas do Recife, trazendo um pouco da sua arte de vanguarda, aberta, paradoxalmente enigmática e primordial.

Artigo publicado em 20 de novembro de 2019 na Revista Nordeste

O contemporâneo

A Festa Literária Internacional de Pernambuco (Fliporto) quis trazer Zygmunt Bauman, sociólogo polonês radicado na Inglaterra, para o evento em Olinda. Porém, o sociólogo, à época com 88 anos, alegou de bom humor que já passara da idade para viajar internacionalmente. No entanto, recebeu o jornalista Silio Boccanera, ao nosso pedido, para uma entrevista exclusiva, na cidade de Leeds, no norte da Inglaterra. Tal vídeo foi transmitido em um painel da Fliporto e comentado pelo economista Sérgio Besserman Vianna, em conversa com um entrevistador.

A lucidez de Bauman era impressionante. Indagado se os movimentos sociais em várias partes do mundo tinham algo em comum, ele começou diferenciando o que é poder do que é política. Segundo Bauman, poder é a capacidade de fazer as coisas, e política é a capacidade de decidir as coisas. Os movimentos sociais demonstram que, na sociedade moderna líquida, esses conceitos estão se distanciando; e um dos vetores são os movimentos sociais nas ruas e nas redes sociais. É uma crise de representatividade da classe política, o que transfere parte do poder para as redes e para os movimentos sociais existentes em um mundo globalizado conectado.

A tese de Bauman da atual sociedade moderna líquida se caracteriza pela imagem de que nessa sociedade nada é solido nem conserva a forma por muito tempo. Os valores se alteram com velocidade, provocando insegurança e medo nas pessoas. A solidariedade se dispersa ou se dissolve, as pessoas se voltam para o consumo como uma forma de definir a própria identidade. Uma das características dessa era de hiperconsumo é que mais importante do que consumir é poder descartar as coisas. Se leva horas trabalhando para adquirir um iPhone 7 para dar a um filho que já tem um iPhone 6, em detrimento das horas que poderia estar convivendo com ele.

Se Descartes estivesse vivo, diria: "Estou no Facebook, logo existo", comenta Bauman. Fenômenos como o Facebook demonstram o medo da solidão do ser humano, que acaba por expor coisas íntimas na rede, que antes talvez só fosse confessar a um grande amigo ou a um Padre.

Se estamos sendo vigiados por uma grande rede de espionagem, ao nos expormos nas redes sociais, na internet e nos celulares, contribuímos para essa mesma espionagem, em uma verdadeira servidão voluntária ao Big Brother, que é um conceito utilizado por Bauman.

Dois mitos precisam ser revistos, segundo ele: a obsessão pelo crescimento do PIB e o mito do livre mercado em detrimento do Estado, que ruiu na crise de 2008 com o banco Lehman Brothers. A atuação do Estado de maneira equilibrada é necessária, segundo Bauman. Mais importante do que crescer é o conceito de desenvolvimento sustentável. Se o mundo consumisse no padrão Suécia, precisaria de quatro planetas Terra para sustentar tal crescimento. Vale a pena ler a obra desse grande pensador do contemporâneo, com destaque para o título *A cultura no mundo líquido moderno*.[14]

---

14. BAUMAN, Z. **A cultura no mundo líquido moderno**. Rio de Janeiro: Zahar, 2022.

Resistir em tempos de crise

Estive recentemente na Grécia para participar da Festa de São José, que ocorre em 19 de março, organizada pelo escritor brasileiro Paulo Coelho. A Grécia, como é sabido, é um dos epicentros da crise europeia e global, vivendo uma forte recessão, com perda de 25% do PIB nos últimos seis anos.

O guia de turismo que me atendeu em Atenas disse algo interessante sobre a crise: "Nos últimos trinta anos, nós nos preocupamos com festas e crédito, e não com o trabalho. A crise, hoje, antes de tudo, é uma crise de valores. Esquecemos os antigos princípios e, fruto da irracionalidade, estamos sofrendo os efeitos de uma amarga crise. A vida é uma luta que às vezes tem festa".

Em Atenas, nasceram quatro importantes escolas filosóficas. Que o diga o legado de Sócrates, Platão, Aristóteles, entre outros. O teatro apareceu nas festas de Dionísio. A democracia, no seu conceito clássico, surgiu ali. Na Grécia, brotaram princípios e valores fundamentais para a civilização ocidental.

A filosofia grega clássica é um belo exemplo de busca de sentido. Sócrates, um dos maiores pensadores de todos os tempos, buscava felicidade em pequenas alegrias cotidianas. Foi emocionante fazer os caminhos de Sócrates na antiga ágora grega.

Certamente Paulo Coelho escolheu a Grécia para festejar o Dia de São José por intuir que, no olho do furacão da crise, pode se enxergar rumos para a sua solução. Temos que resgatar princípios e valores para enfrentar e vencer a crise que atinge o país e tantos outros. Voltar aos valores gregos clássicos; resgatar valores. Não será a Troika que vai vencer a crise. De volta ao princípio e aos princípios.

Encontrei a Grécia mais pobre. Contudo, ela nos proporcionou uma bela viagem, como disse o poeta grego Konstantínos Kaváfis em seu poema "Ítaca". Foi emocionante ver uma exposição de Níkos Kazantzákis, no Centro Cultural Helénico, para registrar os seus 130 anos de nascimento. Esse genial escritor grego nos mostrou, em *Zorba, o Grego*[15] e em outros livros, uma forma de ver e enfrentar a vida por meio de um personagem que ria da própria dor e caminhava, amava a sua terra e a levava para onde ia. Os verdadeiros valores gregos deveriam

---

15. KAZANTZÁKIS, N. **Zorba, o Grego**. São Paulo: Abril, 1974.

ser o farol para o povo de lá vencer esse grande desafio. Ainda há luz no fim do túnel.

"Vivemos absurdamente separados, esquecidos do traço de união entre Oriente e Ocidente, promovido pelo Mediterrâneo, porto de chegada e de partida. [...] Hoje estamos do mesmo lado. E seguimos as metáforas deste mar. Tudo cabe dentro dele." Com essas palavras, o escritor e imortal da ABL Marco Lucchesi, em carta escrita ao poeta turco Ataol Behramoğlu, sintetizou a preocupação da humanidade com esses dois berços que, juntos, enfrentam dificuldades e renascem com a força dessa união.

No escrito, Lucchesi faz questionamentos que certamente afligem a todos nós, especialmente pelo momento pelo qual passa a Grécia: "Quem poderá perdoar em definitivo a nossa dívida? Haverá dívida? Perdão?" E, assim, o poeta e acadêmico brasileiro nos apresenta, em uma carta conduzida em tom cordial, como em uma conversa de dois caros amigos, continentes que, separados por uma imensidão marítima, começam a observar a emergente necessidade de se unirem.

Como bem disse Lucchesi, "somos filhos do Mediterrâneo", portanto é nosso dever andar de mãos dadas tanto em crises quanto nas bonanças que possamos vir a usufruir futuramente. A preocupação com esses dois gigantes, unidos por uma fatia de água, vai além das questões políticas intensamente abordadas pela mídia. Engloba ainda, e principalmente, a temática social, ou seja, civis, seres humanos que são diretamente atingidos por toda e qualquer crise. São eles os verdadeiros defensores da pátria amada. São eles, também, os que sofrem com as crises financeiras, culturais e religiosas que assolam os seus países.

Em um mundo marcado por tantas guerras, que os homens insistem em perdurar, poucos se dão conta da importância do diálogo em detrimento das lutas armadas. A crise na Grécia, a guerra civil na Síria, a tensão da Coreia do Norte, a questão palestina, os sofrimentos da Espanha, da Itália, de Portugal. Tudo isso reflete na pele de quem faz parte dessas nações, quando, na prática, o diálogo poderia resolver várias questões de maneira menos agressiva. E em meio a esta importante reflexão, Marco Lucchesi idealizou como seria a relação do Ocidente com o Oriente: "Um mar sem passaportes e alfândegas, livre de naufrágios e de mortes. Mais que uma área de livre comércio, desejo sobretudo um fluxo intercultural permanente em busca de diálogo". O diálogo intercultural e a valorização dos princípios primordiais gregos são uma bússola para os nossos barcos em mares revoltos.

Artigo publicado em 15 de maio de 2013 no Jornal do Brasil

A via para o futuro

Abismo ou metamorfose: os dois caminhos para encarar o contemporâneo. "Quando um sistema é incapaz de tratar seus problemas vitais, ou ele se degrada, se desintegra, ou se revela capaz de suscitar um metassistema apto a tratar de seus problemas: ele se metamorfoseia", diz o filósofo e pensador francês Edgar Morin no seu livro, *A Via*.[16]

Vivemos em um mundo de inúmeras crises. Conflitos religiosos, políticos e étnicos que podem desencadear guerras de civilizações. Crises econômicas. Degradação da natureza. Excesso de tecnologia e de informação. As sociedades tradicionais estão em derrocada. A mesma coisa pode ser dita da modernidade. Já estamos na pós--modernidade.

Em seu ensaio sobre o contemporâneo, Morin reúne o disperso e sistematiza um pensamento sobre o futuro

---

16. MORIN, E. **A Via**: para o futuro da humanidade. Rio de Janeiro: Bertrand, 2013.

da humanidade. Ele traça uma via para a reestruturação do pensamento e das práticas coletivas em nossa sociedade, por meio do conceito da metamorfose (processo simultâneo de autodestruição e autorreconstrução em uma organização em que a identidade é mantida e transformada em alteridade), que seria uma nova origem. E diz o francês: "Sinto-me conectado ao patrimônio planetário, animado pela religião do que religa, pela rejeição daquilo que rejeita, por uma solidariedade infinita".

Não se resignar. Eis o caminho inicial da mudança. E a esperança será ressuscitada no coração da atual desesperança e não será mais sinônimo de ilusão. O poeta espanhol Antonio Machado nos ensina: "Caminhante, não há caminho, o caminho se faz ao andar". A salvação da humanidade pela metamorfose é a via que o sentimento de esperança nos ajudará a trilhar. "Onde mora o perigo é lá que também cresce o que salva", já dizia Hölderlin.

Artigo publicado em 15 março de 2013 no Jornal do Brasil

A resistência de Hessel

Mesmo aos 93 anos, o escritor Stéphane Hessel resiste e convoca cidadãos do mundo inteiro para fazer parte de uma luta não armada ao lado dele. "Indignai-vos!" é a palavra de ordem e o título do famoso livro-panfleto do judeu sobrevivente dos campos de concentração nazistas e herói da resistência francesa durante a Segunda Guerra Mundial. Além disso, Hessel foi um dos redatores da Declaração Universal dos Direitos Humanos. Um homem humanista que, mesmo com quase um século de vida, revoluciona os lugares por onde passa com a sua mensagem de indignação contra governos injustos.

Nascido em Berlim, o humanista, durante a Segunda Guerra Mundial, uniu-se ao general Charles de Gaulle e depois decidiu organizar a resistência aos nazistas na França. Porém foi denunciado e capturado, indo parar nos campos de concentração, de onde, em meio a uma transferência, conseguiu escapar, rumo a um verdadeiro exemplo de perseverança, na luta pela justiça e por seus ideais, e de resistência contra o comodismo político e social.

O seu livro[17] provocou na sociedade exatamente o que pretendia: uma revolução. Por apenas 3 euros, a obra invadiu as livrarias da França e, em seguida, as prateleiras domésticas dos franceses. Assim, virou um best-seller. O livro também inspirou movimentos na Europa inteira, como Os Indignados, jovens de Portugal, da Espanha e da Grécia que recentemente se uniram para lutar contra as crises econômicas e políticas que atingem seus países. Parece, portanto, o início da realização do sonho de Hessel, que idealiza a era dos jovens lutando contra as injustiças de hoje da mesma maneira que ele lutou contra o nazismo. Eis, então, a união perfeita a favor da justiça: a vitalidade da juventude com a bagagem de um herói da resistência.

Diante de toda a expressividade e de todo o idealismo de Hessel, cuja esperança de um mundo melhor reflete-se diretamente nas atitudes dos jovens, o escritor que lutou junto à França passou a ser considerado uma espécie de Che Guevara à francesa. Stéphane Hessel é um homem que ensina a todos a se indignar, e não mais postergar a crise política, moral e social na qual vivemos.

Artigo publicado em 10 de outubro de 2011 na Folha de Pernambuco

---

17. HESSEL, S. **Indignai-vos!** São Paulo: Leya, 2012.

O legado de Camus

Estamos no ano do cinquentenário de morte do escritor franco-argelino Albert Camus (1913-1960). Talento reconhecido em todo o mundo, Camus é um dos escritores mais representativos do século XX. Nascido em uma família pobre na cidade de Mondovi, na Argélia, então colônia da França na África, teve uma vida sacrificada e dura. Perdeu o pai francês quando tinha menos de 1 ano, vitimado em uma batalha da Primeira Guerra Mundial. Foi criado pela mãe espanhola, que não sabia ler nem escrever, e por uma avó extremamente austera, em meio a uma condição que contemplava apenas as necessidades essenciais de sobrevivência, em um subúrbio da capital, Argel. Graças a ajuda de um mestre, Jean Grenier, graduou-se e fez licenciatura em Filosofia. Porém, quando estava prestes a começar a docência, contraiu tuberculose.

A doença o acompanhou o resto de sua breve vida e a frequente ameaça de morte o marcou profundamente, refletindo de maneira significativa na sua visão de mundo e na literatura que proferiu. Camus faleceu aos 47 anos em um acidente de carro no sul da França. Entre seus livros mais conhecidos estão *O estrangeiro*,[18] escrito em 1942 e traduzido para mais de quarenta línguas; *A peste*,[19] de 1947; e *A queda*,[20] de 1956. Particularmente, destaco ainda a obra vencedora do Prêmio Nobel da Literatura de 1957, *O homem revoltado*.[21]

Em *O estrangeiro*, Camus nos deu uma história tensa, dura, intensa. Como era próprio do autor, é marcante o sentimento existencialista do personagem principal, sua solidão, suas dúvidas e o quase surrealismo de seus conflitos. Ainda que o livro seja uma obra de ficção, o personagem é inerente ao escritor, com a clara proximidade entre seus pensamentos e valores em relação à sociedade em que viveu.

A peste é uma alegoria da guerra e da ocupação nazista e, mais amplamente, da condição humana, por meio da descrição de uma cidade ameaçada pela epidemia. Em *O homem revoltado*, a reflexão existencialista acaba por descobrir que só se revoltando o homem pode dar sentido a um mundo dominado pela "completa ausência de sentido". "O absurdo é a razão lúcida que constata os seus limites. [...] Não espere o juízo final. Ele se realiza todos os dias." Este trecho marca bem o pensamento do escritor.

---

18. CAMUS, A. **O estrangeiro**. Rio de Janeiro: Record, 1979.
19. CAMUS, A. **A peste**. Rio de Janeiro: Record, 2017.
20. CAMUS, A. **A queda**. Rio de Janeiro: Record, 2017.
21. CAMUS, A. **O homem revoltado**. Rio de Janeiro: Record, 2017.

Albert Camus questionou, em sua obra, assuntos com os quais seguimos nos debatendo. O escritor não queria ser apontado como filósofo, mas filosofou, sim – e muito –, imprimindo admirável comprometimento com a busca de um caminho ético na existência humana. Camus procurou sempre o real sentido da vida e o grande valor do agir nos indivíduos. Expôs as inquietações fundamentais da condição humana e os delineamentos de um itinerário humanista conciliado à experiência cotidiana da dignidade.

Até mudar-se para Paris, onde começou a fazer parte da resistência contra os nazistas e fundou o jornal clandestino *Le Combat*, Camus viveu na Argélia. Apesar das dificuldades econômicas impostas pelo colonialismo, sua terra natal o extasiava com as belezas naturais, o romantismo e a poesia que brotava de sua gente mestiça. Apaixonado pelo céu, pelo mar e pela exuberância feminina, Camus se deleitava ao ver as mulheres amassarem os absintos. Em seus romances, a Argélia resiste insistentemente como uma bela e sedutora paisagem de fundo.

Enquanto jovem, o escritor foi o goleiro da seleção universitária; conta-se que um bom goleiro. Um dos fatos que mais o impressionaram quando da sua visita ao Brasil, em 1949, foi o amor do brasileiro pelo futebol. Tanto que uma das primeiras atitudes que Albert Camus teve ao pisar aqui foi pedir que o levassem para assistir a um jogo. E seu amor pelo futebol o acompanhou por toda a vida. "O que finalmente eu mais sei sobre a moral e as obrigações do homem, devo ao futebol", costumava dizer Camus.

Na ocasião do cinquentenário de morte do escritor, o presidente da França, Nicolas Sarkozy, acabou por lançar uma grande polêmica no país ao propor a transferência dos restos mortais de Albert Camus para o Panteão, monumento da capital francesa onde já se encontram os mausoléus de célebres personagens da literatura francesa, entre eles Voltaire, Rousseau, Victor Hugo e Émile Zola. Para os críticos, a proposta de Sarkozy é uma tentativa de aproveitar-se politicamente do legado de Camus, que é uma figura mítica da esquerda francesa.

Parece que a tentativa do presidente francês não sensibilizou os filhos do escritor, os gêmeos Jean e Catherine, que acabam de publicar o livro *Camus, mon pére* ("Camus, meu pai", ainda sem tradução para o português).

Meio século após sua morte, quando vivemos em um mundo marcado por irracionalidades, intolerâncias e fanatismos, lembrar e recomendar a leitura desse extraordinário escritor é fundamental para que possamos sempre buscar um melhor entendimento sobre a aventura existencial do ser humano. Sua obra nos deu uma admirável lição de autenticidade. Nunca esqueci uma frase de Albert Camus que li em um monumento em Tipasa, quando estive na Argélia: "Aqui eu conheci a dor de viver e a glória de amar".

Artigo publicado em 1º de maio de 2010 no Jornal do Brasil, *e em 3 de maio de 2010 na* Folha de Pernambuco

O presente desejável

Lala Deheinzelin, especialista em economia criativa e desenvolvimento sustentável, acabou de lançar o livro *Desejável mundo novo*,[22] que é uma simulação para inspirar as pessoas a pensar no futuro desejável, no dizer da autora.

No livro, a mudança de paradigma se dá graças ao fato de a sociedade ter decidido usar óculos de quatro dimensões (4D), equilibrando a supremacia econômica com a social, a ambiental e a cultural. Com os óculos, as pessoas passaram a enxergar os bens intangíveis (cultura, conhecimento, gestão) como sendo tão preciosos quanto os tangíveis. Lembrete que os ativos socioambientais e culturais precisam ser avaliados em pé de igualdade com os monetários. Ela cita a fabricante de cosméticos Natura como exemplo. Um mapeamento 4D ajudaria as

---

22. DEHEINZELIN, L. **Desejável mundo novo**. Paraná: Edição do Autor, 2012.

empresas a contribuir para o desenvolvimento sustentável, que é tão decantado na atualidade.

O CEO emérito dos cartões Visa International, Dee Hock, escreveu um livro fantástico, chamado *Nascimento da era caórdica*[23] – a edição brasileira tem prefácio de Oscar Motomura e Peter Senge. A Visa International tem 22 mil bancos membros, 750 milhões de clientes e realiza transações de 1 trilhão e 250 bilhões ao ano. O autor argumenta que as organizações em geral se baseiam nos conceitos falhos do século XVII, inadequados diante dos grandes problemas sistêmicos, sociais e ambientais que vivemos atualmente. Dee Hock delineia um caminho para organizações baseadas em princípios que chama caórdicos, organizações que, segundo ele, combinam com harmonia o caos e a ordem, a competição e a cooperação.

O livro fala da incrível criação da Visa e como pessoas e instituições de várias línguas, culturas, sistemas monetários, raças e tendências políticas e econômicas juntaram-se numa organização na qual membros/proprietários interagem na mais intensa cooperação e competição ao mesmo tempo. E diz Dee Hock:

> Estamos num ponto do tempo em que uma era de quatrocentos anos está morrendo e outra está lutando para nascer – uma mudança de

---

23. HOCK, D. **Nascimento da era caórdica**. São Paulo: Cultrix, 2000.

cultura, ciência, sociedade e instituições muito maiores do que qualquer outra que o mundo já tenha experimentado. Temos à frente a possibilidade de regeneração da individualidade, da liberdade, da comunidade e da ética como o mundo nunca conheceu, e de uma harmonia com a natureza, com os outros e com a inteligência divina como o mundo jamais sonhou.

Os gestores e governantes precisam ler esses dois autores e tentar seguir suas antevisões e ensinamentos. Assim teremos um mundo melhor.

Artigo publicado em 1º de outubro de 2012 na Folha de Pernambuco

A mudança vem das redes e das ruas

O povo quer mudança, mas na revolução de meios da internet ou nos protestos de rua faz-se necessário uma maior clareza de fins.

A democratização verdadeira do Brasil vai surgir de uma sociedade mais conectada e participativa, mas que tenha uma pauta clara para o país. É imperativa uma reforma política. A vontade das ruas não é representada pela maioria da classe política. E ela está começando... nas redes, nos computadores, nos protestos de rua... quem diria? A mutação da pós-modernidade é a contribuição milionária de vários desejos. Mudaram os suportes; novas formas se multiplicam criando novas significações.

No ato de protesto certamente dorme o desejo de um sentido. Espero que ele seja o de reivindicar uma agenda possível de mudanças estruturais no Brasil. E temos que começar por uma verdadeira reforma política.

A democratização verdadeira do Brasil vai surgir de uma sociedade mais conectada e participativa, mas que tenha uma pauta clara para o país.

O sociólogo catalão Manuel Castells pontua que as novas formas de manifestações – convocadas e articuladas por meio das redes sociais – demandam uma maneira inédita de envolver os cidadãos nos processos decisórios dos governos. Ele observa que os atos sempre surgem de uma comoção: a atitude indignada diante de algo que parece injusto. Depois, os diversos sentimentos individuais unem-se pelas redes e ganham as ruas.

Para Castells, essa foi a dinâmica que desenvolveu e vem desenvolvendo protestos nos países árabes, na Espanha, nos Estados Unidos e, mais recentemente, na Turquia e no Brasil. "Depois da raiva provocada pela indignação, vem a emoção da solidariedade e de nos relacionarmos com os outros frente ao perigo (da repressão). Passar da indignação pessoal à ação coletiva é um processo de comunicação. Neste caso, de comunicação em rede, que é instantânea e transmite o local ao global", explica.[24]

Precisamos urgentemente definir uma nova agenda para o Brasil e reestabelecer um novo pacto político e social.

Artigo publicado em 28 de junho de 2013 no Diário de Pernambuco

---

24. NASSIF, L. **Manuel Castells e o esgotamento da democracia participativa. GGN**, 12 jun. 2013. Disponível em: https://jornalggn.com.br/politica/manuel-castells-e-esgotamento-da-democracia-participativa/. Acesso em: 12 out. 2022.

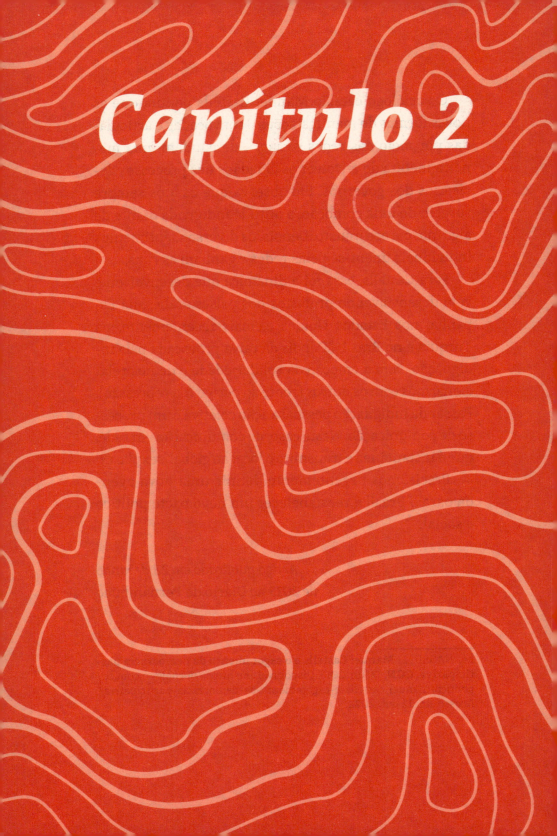

Seja tolerante

Jorge, amado do Brasil

Jorge Amado nasceu em 10 de agosto de 1912 em Itabuna, na Bahia, e faleceu em 6 de agosto de 2001. No último dia 10 de agosto foi o centenário do seu nascimento. Era um homem de hábitos simples e sua Casa do Rio Vermelho, em Salvador, sempre esteve aberta para receber do mais humilde aos grandes escritores e autoridades que o visitavam.

Jorge Amado é um escritor essencial. É a mais bela síntese da Bahia. Formado advogado, mas escolheu ser escritor. Escreveu mais de trinta livros. Sua obra foi editada em 55 países e traduzida para 49 idiomas e dialetos. Jorge ocupou a cadeira 23 da Academia Brasileira de Letras. O patrono é José de Alencar. A sua militância política foi expressiva. Quando vou a Salvador, nunca deixo de visitar a Fundação Casa de Jorge Amado. E lá está na entrada: "Se for de paz, pode entrar". O belo casal Jorge Amado e Zélia Gattai é um legado na história do Brasil.

O belo casal
Jorge Amado e
Zélia Gattai é
um legado na
história do Brasil.

Um dos primeiros livros que li, ainda jovem, foi *Terras do sem-fim*.[25] O seu estilo literário me marcou. Ao contar o seu povo e costumes, fez *Tenda dos milagres*[26] e logo vi que o povo sólido da Bahia e do Brasil é capaz de ser feliz, criar e fazer milagres.

Em solenidade na Casa Brasil, este ano, na entrega dos Prêmios Casa Brasil de Cultura, com a presença de Paloma Jorge Amado, tive a oportunidade de destacar a sua presença e o legado de seus pais. Além disso, Paloma esteve na edição da Fliporto que homenageou a literatura africana-lusófona. Também tive a oportunidade de saudar a família Amado durante palestra de Jorge Amado Neto na sede da OAB-PE no mesmo ano.

Gostaria de destacar dois aspectos em Jorge Amado. O primeiro são as suas ligações com o Recife, que aprendeu a amar. Especialmente a sua amizade com Paulo Loureiro, Ruy Antunes, o poeta Carlos Pena Filho e a mulher deste, Tânia. Chamava o poeta de Carlinhos; e a Paulo Loureiro dedicou *Capitães da areia*,[27] uma denúncia social. Seu diálogo intelectual com Gilberto Freyre foi expressivo e registrou a amizade e admiração a Carlos Pena em carta publicada em uma edição do *Livro geral*:

---

25. AMADO, J. **Terras do sem-fim**. São Paulo: Companhia das Letras, 2008.
26. AMADO, J. **Tenda dos milagres**. São Paulo: Companhia das Letras, 2008.
27. AMADO, J. **Capitães da areia**. São Paulo: Companhia das Letras, 2009.

Eras o seu poeta, o irmão mais moço de Joaquim Cardozo, o amigo do general e do pobre da esquina, da aeromoça e do folião do Carnaval, do prefeito e da rainha do maracatu, do poeta Ascenso e do compositor Capiba, do pintor Brennand e do fabuloso Ariano, do ateu e do católico, do protestante e do espírita, do rico e do pobre. Eras a solta fantasia e a densa realidade, o ar, a chuva e o sol dessa cidade, seu cotidiano de beleza. Eras o seu poeta. Foi preciso que faltasses assim, brusca e terrivelmente, para que compreendessem que eras o dono da cidade, que eras a cidade, sua infinita e complexa realidade. Porque eras simples como o pão e profundo como a água do rio, estavas plantado no chão de tua gente como certas plantas trepadeiras aparentemente frágeis, porém mais resistentes e permanentes que as grandes árvores. Eras a rosa e o musgo, a fruta sumarenta e cacto de espinhos. Tua flor tinha riso e sangue, levavas nos ombros de toda fragilidade a dor e esperança de teu povo, sua solidão, o cangaço e a multidão no frevo.[28]

O segundo ponto que eu gostaria de destacar é a sua luta contra a intolerância, seja ela cultural, política ou

---

28. PENA FILHO, C. **Livro geral**. Olinda: Flamar, 1959.

religiosa. Acreditava na liberdade. Na obra *Tenda dos milagres*, levanta a discussão contra o racismo e a intolerância. Quando era deputado federal, apresentou projeto pela liberdade de culto religioso. O candomblé está presente na obra de Jorge desde que ele era jovem. Tinha uma grande preocupação com a cultura negra. E essa cultura e religiosidade já foi vítima de muita intolerância.

A intolerância e a incompreensão entre religiões, culturas e raças é o grande desafio da atualidade e vem de muito longe. O Brasil pode ser paradigma de uma maior tolerância no século XXI. Esse é o tema do meu livro *Diálogos no mundo contemporâneo*.[29]

A arte de Jorge Amado ajudou a formar o nosso país. A sua obra continua pulsante entre nós. Viva Jorge, escritor amado do Brasil.

Artigo publicado em 13 de agosto de 2012 na Folha de Pernambuco

---

29. CAMPOS, A. **Diálogos no mundo contemporâneo**: por uma cultura de paz. Recife: Carpe Diem, [s. d.]

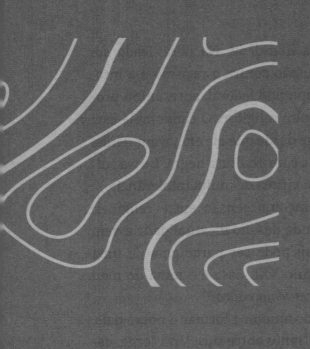

Diálogo entre culturas

As distâncias étnicas, culturais e religiosas vêm incitando grandes conflitos no mundo atual e despertam uma inquietação sobre os rumos da humanidade. A incapacidade de aceitar as diferenças coloca na ordem do dia a questão da intolerância entre populações, países e civilizações. A intransigência é tão alarmante que opiniões divergentes e formas de comportamentos distintos chegam a ser inadmissíveis.

A falta de atitude – ou as poucas ações – de governos e organismos internacionais para reduzir as distâncias entre povos e culturas coloca em jogo graves questões humanitárias e deixa a sensação de uma incompatibilidade permanente.

O tema da intolerância e a necessidade de se estabelecer um diálogo profícuo entre as culturas têm despertado o meu interesse como cidadão do mundo, escritor, advogado e acadêmico. É inevitável que o tema nos provoque uma reflexão sobre o papel que temos a cumprir nesta realidade.

Precisamos aceitar e compreender os outros em seus múltiplos fragmentos, em sua diversidade. Estou convencido, há muito, de que, para promover a paz, não podemos cultivar ideias distorcidas de outros povos. Precisamos, sim, compreender todos os credos, todas as artes, tradições, raças e formas de vida diferentes daquilo que nós somos. Devemos entender que todas as outras culturas, em vez de enfraquecer, fortalecem a nossa.

A história do mundo é feita a partir do homem. Seja qual for a sua religião, a cor de sua pele, seu sexo, suas preferências, seus gostos e seus costumes. E é essa diversificação que precisa ser compreendida e até incentivada, porque nós só nos tornamos humanos na convivência e no aprendizado com os outros, compartilhando culturas e experiências. É interessante observar o que disse o jornalista e escritor Laurentino Gomes, autor dos livros *1808*[30] e *1822*,[31] tendo como base o trabalho do geógrafo Milton Santos, da Universidade de São Paulo:

> Neste mundo globalizado, de culturas pasteurizadas, em que todos têm comportamentos e

---

30. GOMES, L. **1808**: como uma rainha louca, um príncipe medroso e uma corte corrupta enganaram Napoleão e mudaram a História de Portugal e do Brasil. São Paulo: Globo, 2014.

31. GOMES, L. **1822**: como um homem sábio, uma princesa triste e um escocês louco por dinheiro ajudaram dom Pedro a criar o Brasil – um país que tinha tudo para dar errado. São Paulo: Globo, 2015.

valores parecidos, o indivíduo tende a querer se diferenciar, procurando âncoras de referência. Uma delas é a religião [...]. A outra é a história, como uma busca por suas origens [...]. Os brasileiros estão aturdidos com a persistência da desigualdade social e se perguntando por que é tão difícil construir o Brasil que idealizamos. A história entra como uma ferramenta que esclarece esse questionamento.

Precisamos contribuir para a construção de um mundo mais tolerante, com ações concretas ou com posicionamento firme, contrário ao velho discurso divisor dos países mais fortes e ricos, contra a ascensão da extrema direita na Europa, o crescimento do terrorismo internacional, as discriminações raciais e culturais dentro e fora do Brasil, os golpes militares, os conflitos no Oriente Médio, o fundamentalismo religioso, entre outras formas de intransigência.

Originalmente publicado em
Diálogos no mundo contemporâneo:
por uma cultura de paz

Eva Schloss, a luta contra a intolerância

Na sociedade contemporânea existem diversos conflitos. Destaco a intolerância como uma das principais causas deles. Seja ela religiosa, racial ou ideológica. Alguns desses problemas, apesar de extremamente atuais, não são de hoje.

Foi com o objetivo de debater sobre a falta de tolerância para com o próximo que, na sexta edição da Festa Literária Internacional de Pernambuco – Fliporto, cujo tema foi "A literatura judaica e o mundo ibero-americano", que convidamos Eva Schloss para falar um pouco sobre sua vida cercada de preconceitos, sofrimentos e, ao mesmo tempo, alegrias.

Eva é uma das poucas sobreviventes de um dos mais cruéis atos da história da humanidade: o Holocausto. A autora austríaca, que sobreviveu às inúmeras torturas e humilhações no campo de concentração de Auschwitz, é como ela mesma disse "um exemplo de esperança, coragem e fé".

O que mais me admira
em pessoas como
Eva são a vontade
e a obstinação que
elas têm de passar
adiante o que viveram
e os ensinamentos que
adquiriram com isso.

O que mais me admira em pessoas como Eva são a vontade e a obstinação que elas têm de passar adiante o que viveram e os ensinamentos que adquiriram com isso. No último dia 18 de novembro, ela esteve na comunidade de Paraisópolis, em São Paulo, para contar sua história de vida a 120 jovens.

Na mesma semana, a escritora participou do projeto Prosa nas Livrarias, realizado por um periódico do Rio. O objetivo desse encontro foi, assim como na Fliporto, falar sobre a importância de temas como o Holocausto, inclusive dentro da literatura.

Eva é meia-irmã de Anne Frank, a quem conheceu e cujo pai casou-se com a sua mãe. Chegou a ver os famosos diários antes de serem publicados pelo pai de Anne.

Eva Schloss acredita que "a Europa não aprendeu a lição". Assim, é importante relembrar o Holocausto para que pequenos ódios raciais não se transformem em novos holocaustos. É preocupante a islamofobia crescente na Europa, entre outras tensões religiosas, culturais e mesmo étnicas do mundo contemporâneo.

Eva é realmente um exemplo para todos os que, por algum motivo, pensam em desistir da vida. Temos que seguir o exemplo dessa brava judia de 82 anos que, por pior que fossem os dias em Auschwitz, lembrava os momentos felizes que havia vivido e, assim, não desistiu.

Artigo publicado em 6 de janeiro de 2010 na Folha de Pernambuco

O manuscrito de Paulo Coelho

Caro Paulo Coelho, o seu livro *Manuscrito encontrado em Accra* é um hino de paz às religiões em um mundo que caminha para o fundamentalismo religioso.

Você, inspirado no grande Khalil Gibran e na verdade do seu coração peregrino, escreveu uma obra que é um novo *O Profeta*,[32] mas com um olhar contemporâneo.

O meu pai, que era escritor, dizia-me que, quando não houver saída, saia pela coragem – o valor essencial.

"A paz é tarefa para os corajosos e não para os fracos", já dizia a grande alma que era Gandhi.

E assim você fala em seu manuscrito:[33]

> Não pensem que estou lhes entregando um tratado de paz. Na verdade, a partir de agora

---

32. GIBRAN, K. **O Profeta**. São Paulo: Planeta, 2019.
33. COELHO, P. **Manuscrito encontrado em Accra**. Rio de Janeiro: Paralela, 2012.

> espalharemos pelo mundo uma espada invisível, para que possamos lutar contra os demônios da intolerância e da incompreensão. Procurem carregá-la até onde suas pernas aguentarem. E quando as pernas não aguentarem mais, passem adiante a palavra ou o manuscrito, sempre escolhendo pessoas dignas de empunhar esta espada.

Venho tentando também espalhar essa "espada invisível contra a intolerância e a incompreensão". O meu livro *Diálogos no mundo montemporâneo* é um ensaio sobre esse tema. Tive a alegria de lançá-lo em 2011, durante a exposição de Christina Oiticica, sua esposa, na sede da ONU, na sala onde ficam os painéis "Guerra e Paz", de Portinari.

A intolerância e a incompreensão entre religiões, culturas e raças é o grande desafio da atualidade e vem de muito longe. Jerusalém é um dos palcos nucleares dessa intolerância. O Brasil pode ser paradigma de uma maior tolerância para o século XXI.

E é por isso que o manuscrito pergaminho real ou imaginário encontrado em Accra, em árabe, hebreu e latim, permanece atual e instigante. Ele fala linguagem profética de um mundo que precisa de paz. E a causa da paz é urgente em um mundo em conflito.

O mundo precisa ler e compreender o *Manuscrito encontrado em Accra*, e a chave ou resposta desse enigma lá contido é coragem para o diálogo e a tolerância.

A guerra é tarefa dos fracos e dos que têm medo. Libertarmo-nos de nossos medos é a forma de sermos livres.

Artigo publicado em 30 de setembro de 2012 na Folha de Pernambuco

A paz de Portinari para o mundo

Há mais de cinquenta anos Cândido Portinari pintava a necessidade emergente da paz mundial. No dia 5 de janeiro de 1956, ele entregava os painéis intitulados "Guerra e Paz", feitos sob encomenda do governo brasileiro, e presenteados à sede da Organização das Nações Unidas (ONU), em Nova York.

Um presente do artista para a consciência do mundo. Vários metros quadrados de contraste entre o horror da guerra e a esperança e vida da paz. De um lado; o sofrimento, o desespero e a dor projetados no mural sobre a guerra. Do outro; a felicidade, a valorização dos afetos e as experiências decisivas vividas por jovens, homens, mulheres e crianças no decorrer da vida, que trouxeram bem-estar e a sensação de realização pessoal.

Os famosos paredões de catorze metros de altura e dez de largura, os mais importantes e reconhecidos trabalhos de Portinari, foram pintados durante nove meses.

A pintura dos painéis valeu a vida de Portinari. Nem mesmo o risco letal das tintas à própria saúde o fez parar. Na escolha entre pintar ou viver, o brasileiro optou pela arte.

A pintura dos painéis valeu a vida de Portinari. Nem mesmo o risco letal das tintas à própria saúde o fez parar. Na escolha entre pintar ou viver, o brasileiro optou pela arte.

Agora, com a chegada do novo ano, todas as nações reforçam o pedido, gritado por Portinari, pela paz entre os homens. Em 1957, com o visto negado e impedido de ir aos EUA para assistir à cerimônia de inauguração e apresentação das suas obras, Portinari enviou uma mensagem à ONU em que dizia:

> A luta pela paz é uma decisiva e urgente tarefa. É uma campanha de esclarecimento e de alerta que exige determinação e coragem. Devemos organizar a luta pela paz, ampliar cada vez mais a nossa frente antiguerra, trazendo para ela todos os homens de boa vontade, sem distinção de crenças ou de raças, para assim, unidos, os povos do mundo inteiro, não somente com palavras, mas com ações, levar até a vitória final a grande causa da paz, da cultura, do progresso e da fraternidade entre os povos.

Uma mensagem que, infelizmente, não envelheceu. A luta pela paz deve ser constante e promovida por todos nós. Só assim chegaremos à época ideal para todos, e pintada por Portinari.

Artigo publicado em 4 de janeiro de 2012 no Jornal do Brasil

Seja tolerante

Capítulo 3

Utilize a tecnologia a seu favor

Sozinhos juntos

O século XXI, conhecido como a era da tecnologia, tem passado por fortes mudanças tanto no aspecto social quanto no antropológico. À medida que a tecnologia e a internet se tornam mais presentes em nossa realidade, nos transformamos em pessoas mais afastadas umas das outras. É um paradoxo: o que teoricamente serviria para aproximar, muitas vezes, distancia.

De acordo com a socióloga americana Sherry Turkle, autora do livro *Alone Together*,[34] a tecnologia ameaça dominar nossa vida e nos tornar seres menos humanos. Sob a ilusão de permitir uma comunicação mais eficiente, ela nos isola das verdadeiras relações humanas, em uma "ciberrealidade" que é, na verdade, uma pseudo--representação do mundo real. Um relatório das Nações

---

34. TURKLE, S. **Alone Together**: why we expect more from technology and less from each other. Nova York: Hachette, 2017.

Unidas nos dá conta de que já existem 2 bilhões de internautas e 5,3 bilhões de assinaturas de celulares em todo o planeta. No entanto, mais uma vez voltamos ao questionamento moderno de vivermos uma contraditória incomunicabilidade na era da comunicação.

O filme *A rede social*[35] é mais uma prova de que, com a criação de tecnologias inspiradoras, nos tornamos cada vez mais insignificantes e pequenos numa realidade fictícia que nós mesmos criamos. O longa, recém-indicado ao Oscar de melhor filme, é uma crítica à criação de uma mídia social por pessoas que, em sua essência, eram incapazes de se encaixar no mundo real.

É indiscutível que as redes sociais são mecanismos pelos quais podemos encurtar distâncias e viabilizar a comunicação de modo rápido. É impressionante também a força da comunicação pela internet para derrubar ditaduras. Vejamos os exemplos da Tunísia e do Egito. No entanto, precisamos prestar atenção a esse novo campo para que ele nos aproxime e não nos distancie.

No admirável filme *O leitor*,[36] por exemplo, é mostrado o fato de que se existe alguma redenção para o ser humano, ela passa pela linguagem. A falta de comunicação ou erros existentes nela podem ser determinantes na vida das pessoas. O mundo vive uma contradição: na era

---

35. A REDE social. Direção: David Fincher. EUA: Relativity Media, 2010. (120 min).
36. O LEITOR. Direção: Stephen Daldry. EUA: Mirage, 2008. (123 min).

da internet, das redes sociais e do celular, ainda reina a incomunicabilidade, pois as questões essenciais não são ditas nem aprofundadas.

Artigo publicado em 14 de fevereiro de 2011 na Folha de Pernambuco

Butão high-tech

O reino de Butão, país mundialmente conhecido pelo índice da Felicidade Interna Bruta (FIB), depara-se com uma violenta inserção tecnológica – uma região que, até o ano 2000, vivia fechada para o resto do mundo. Porém a chegada das novidades high-tech divide opiniões: até onde isso vai influenciar no FIB dos butaneses? Afinal, quem disse que celular, computador, internet e televisão, obrigatoriamente, chegam acompanhados de felicidade?

O país da felicidade vive, portanto, uma problemática. Até o início do século XX, a pacata e religiosa região não tinha acesso a essas modernidades. O rei butanês acreditava que tanta tecnologia poderia fazer a população se desinteressar pelas tradições e pela religião – o budismo. Posteriormente, o rei Jigme Singye resolveu expor um país que vivia de maneira quase medieval à tecnologia do Ocidente e, assim, derrubar as fronteiras da felicidade butanesa. A ideia seria, assim, dividir a alegria daquele país localizado no sul da Ásia e, além disso, tentar fazer ainda mais felizes os seus 700 mil habitantes.

Mas o receio do antigo rei se concretizou. Apesar do imediato sucesso dos eletrônicos no país, pesquisas assustam ao mostrar as consequências do efeito tecnológico entre os butaneses. A televisão, por exemplo, trouxe mais agressividade e menos produtividade entre os jovens, assim como maridos menos atenciosos e alunos mais desinteressados. Adolescentes passaram a utilizar roupas ocidentais, deixando de lado a tradição butanesa. O que, para a maioria dos países desenvolvidos, é "sinônimo de felicidade" trouxe problemas e grandes dilemas para o feliz Butão. Ainda assim, a população do país parece lutar pelo crescimento do FIB e, simultaneamente, tenta aprender a conviver com tanta modernização para que, assim, o Butão possa se tornar um país rico e mais feliz.

Artigo publicado em 24 de agosto de 2012 no Jornal do Brasil

Conectivismo

Ao longo da história surgiram diversas teorias a respeito do conhecimento e da capacidade de aprendizado humano. No entanto, as principais linhas de ensino são o behaviorismo, o cognitivismo e o construtivismo – todas fundamentadas em realidades pré-tecnológicas. Essas correntes são a favor da ideia de que a aprendizagem depende apenas da pessoa que aprende, não tendo relação com fatores externos.

Entretanto, essa teoria do conhecimento passa por fortes mudanças, pois a sociedade está mais madura e enxerga que, para aprender, é necessário formar conexões entre fontes diversas e daí criar os próprios padrões de informação. Essa ideia é a base do, cada vez mais influente, conectivismo, no qual a aprendizagem é vista como um processo que acontece em um ambiente com elementos centrais em eterna mutação. Nossa capacidade de adquirir mais informações está, na realidade, fora de nós.

A sociedade está mais madura e enxerga que, para aprender, é necessário formar conexões entre fontes diversas e daí criar os próprios padrões de informação.

É nas conexões com o meio externo que aprendemos coisas novas. Essa seria a melhor maneira de se chegar a um nível elevado de conhecimento.

Na última semana participei de um evento sobre o ensino contemporâneo. O seminário A Sociedade em Rede e a Educação teve como objetivo discutir a melhor maneira de educar a sociedade na era digital. Podemos aprender de modo contínuo, independentemente do horário tradicional da escola ou universidade. A tese do conectivismo ganha força no mundo contemporâneo.

No artigo "Learning ecology, communities and networks: extending the classroom",[37] o professor e diretor do Centro de Tecnologia da Aprendizagem da Universidade de Manitoba (Canadá), George Siemens, defende que a mobilidade trazida pela tecnologia e o impacto da aprendizagem informal fazem desta um processo contínuo, tendo a internet como grande fonte de informação. Por outro lado, o ensino tradicional está indo ao encontro e se adaptando a essa era tecnológica. Há alguns anos, a rede de educação Anhanguera noticiou um ambicioso plano nesse sentido de conectar tecnologicamente os alunos com a universidade para criar um ambiente de aprendizado contínuo.

---

37. MOTA, J. 4.2. **Conectivismo: uma teoria da aprendizagem?** José Mota. Disponível em: https://josemota.pt/aprendernarede/parte2/capitulo4/4-2-conectivismo-uma-teoria-da-aprendizagem/. Acesso em: 23 dez. 2022.

Na era digital, podemos aprender o tempo todo. Essa era já começou, e trouxe consigo um novo conceito de aprendizado.

Artigo publicado em 20 de setembro de 2010 no Jornal do Brasil

Guerra de piratas

No filme *Piratas da informática*,[38] que narra de maneira didática a história de Bill Gates e Steve Jobs, mentores das bilionárias Microsoft e Apple, respectivamente, há este ditado: "Para que criar se você pode roubar ou piratear?".

Embora a obra cinematográfica date do fim dos anos 1990, sua temática continua sendo atual. Ainda hoje, nada mais comum que vislumbrarmos empresas sedentas de crescimento no ramo da tecnologia plagiando sistemas de sucesso. Mas, em geral, tais conflitos não chegam às vias judiciais. Exatamente por esse motivo, o caso Apple *versus* Samsung tem causado tanta admiração.

A repercussão do *leading case* fez com que, no primeiro dia de pregão após o veredicto que condenou a Samsung a pagar nada menos que 1,05 bilhões de dólares à

---

38. PIRATAS da informática. Direção: Martyn Burke. EUA: Warner, 1999. (97 min).

Apple, o valor de mercado da gigante da maçã atingisse a impressionante marca de 630,9 bilhões de dólares. Para se ter uma ideia, juntas, as também bilionárias companhias estadunidenses Microsoft (256,7 bilhões de dólares), Google (221,4 bilhões de dólares) e Facebook (41,3 bilhões de dólares), valores referentes à época, sequer conseguem ultrapassar esse montante.

Isso se deve não só à crescente popularidade dos iPhones, que acumulam múltiplas funções em um único aparelho – entre as quais se destacam a de iPod, internet e câmera digital, além dos inovadores *visual voicemail* e *facetime* –, mas em especial ao monstruoso potencial econômico das rivais que figuram nos polos ativo e passivo da contenda.

O que muitos não sabem é que Apple e Samsung já possuem cerca de cinquenta disputas judiciais uma contra a outra; contudo, nenhuma delas alcançou tamanha envergadura como a atual. Afinal, embora os direitos autorais estejam regulados em lei específica desde 1973 (Lei nº. 5.988/73) e a nova lei relativa à matéria (Lei nº. 9.610/98) já tenha completado mais de uma década de existência, nunca seus dispositivos tinham sido levados tanto a efeito como nos dias hodiernos.

Norberto Bobbio, em sua obra *A era dos direitos*,[39] já dizia que os direitos são fruto dos progressos tecnológicos e morais das sociedades. Os direitos autorais não fogem à regra; e há uma necessidade cada vez maior de

---

39. BOBBIO, N. **A era dos direitos**. São Paulo: Campus, 2004.

Em meio a essa guerra de piratas, surge a indagação: vale tudo para ultrapassar a concorrência?

seu fortalecimento ante os avanços no campo digital. A disputa entre as líderes de eletrônicos é mais uma evidência desse fato.

Nas palavras do próprio Bobbio, o problema fundamental em relação aos direitos do ser humano, hoje, não é tanto de justificá-los, mas de protegê-los. "Trata-se de um problema não filosófico, mas político."

Em meio a essa guerra de piratas, surge a indagação: vale tudo para ultrapassar a concorrência? A quebra de patentes e o furto das ideias alheias compensam? Os tribunais norte-americanos tentam assegurar que não, vide a recente condenação da Samsung, apesar de esta ainda ser passível de recurso. Estaria a empresa sul-coreana realmente pirateando as tecnologias desenvolvidas pela empresa de Jobs?

Parece ainda ser contraditório o fato de a Apple mover sua ação bilionária em face da Samsung em vez de fazê-lo contra o Google, que igualmente a imita com o sistema operacional Android, de distribuição gratuita e, por isso mesmo, bem mais difundido que um Samsung Galaxy.

Em outra senda, tudo indica que enfrentar a empresa número 1 da internet seria ainda mais complicado. Seus conhecimentos na área são utilizados nos próprios iPhones e abrir mão de tais tecnologias equivaleria a diminuir a qualidade dos aparelhos a tal ponto que o litígio possivelmente não valeria a pena.

Se alguns advogados defendem a urgência na produção de mais mercadorias originais e acreditam que a possível vitória judicial da Apple estimularia a inovação no setor, outros sustentam que tal situação, bem como outras de natureza semelhante, levaria ao comando das tecnologias por poucas empresas, encarecendo os custos e repercutindo consideravelmente no preço para o consumidor final.

De qualquer modo, as evidências apontam que os próprios consumidores dos eletrônicos sairão prejudicados – não apenas porque precisarão desembolsar mais para desfrutar das tecnologias em debate (já que tal fato se deve ao respeito às patentes, sendo, portanto, até plausível), mas sobretudo devido ao monopólio do mercado por cada vez menos empresas, enfraquecendo o processo de inovação e, consequentemente, o rumo a um progresso equilibrado.

Mas isso são apenas suposições. O *leading case* está longe do fim e somente o tempo dirá quais os reais impactos no mercado decorrentes do acirramento entre as disputas de patentes. Contudo, uma coisa é certa: muita água ainda vai rolar, já que, no dia 31 de agosto de 2012, em outra ação movida pela Apple contra a Samsung, o tribunal japonês proferiu decisão em sentido contrário àquela do tribunal norte-americano (24 de agosto de 2012), rejeitando a violação de patentes e condenando a gigante da maçã ao pagamento de custas judiciais. Essa briga comercial e jurídica promete.

Artigo publicado em 17 de setembro de 2012 na Folha de Pernambuco

Guerra global das mídias e das culturas

A última Festa Literária Internacional de Pernambuco, a Fliporto de 2012, trouxe à tona uma discussão importante sobre a geopolítica da cultura e das mídias ao redor do mundo. Com a vinda do jornalista francês Frédéric Martel ao evento, autor do livro *Mainstream: a guerra global das mídias e das culturas*,[40] a festa revelou bastidores de filmes, novelas e produções vendidas para a grande massa, com a utilização da cultura como plataforma para influenciar questões internacionais. O mundo estaria em guerra e o Brasil seria uma das forças dessa guerra de conteúdos culturais.

Com o conceito de "voltado para o grande público", o "mainstream" de Martel tenta entender, e explicar aos leitores, a lógica existente por trás dos grandes

---

40. MARTEL, F. **Mainstream**: a guerra global das mídias e das culturas. Rio de Janeiro: Civilização Brasileira, 2012.

fenômenos da indústria de entretenimento. Para isso, o escritor fez um estudo da Central Globo de Produções (Projac), da Rede Globo, um dos quatro canais de televisão mais poderosos do mundo. Mas a discussão vai além disso e gira em torno, sobretudo, do capitalismo cultural contemporâneo que a indústria criativa acaba gerando.

São 490 páginas que abrangem uma rica pesquisa e experiência do francês que passou por trinta países, ouvindo gestores e demais profissionais do mundo do entretenimento. Ele investigou também o nascimento de best-sellers, hits e blockbusters.

O livro afirma, por exemplo, que 80% das bilheterias de cinema no Brasil são compostas de filmes de Hollywood, o que demonstra a força e a influência do cinema estadunidense no consumo de entretenimento, que lança hábitos e modas. Já o Brasil seria um grande exportador de telenovelas, que são exibidas em mais de cem países.

Na busca para desvendar o que acontece no mundo do entretenimento, Martel, que também é doutor em Sociologia e apresentador do principal programa de informação da Radio France, foi dos clássicos da Disney à *pop music*, passando por Bollywood, Al Jazeera e pela cultura europeia. É um grande conteúdo para quem se interessa ou estuda o divertimento de massa. Martel relata, portanto, uma nova guerra que emerge na sociedade contemporânea: a guerra global das mídias e das culturas, tendo no cerne a cultura mainstream. Os jogadores querem controlar as palavras, as imagens e os sonhos.

Artigo publicado em 26 de novembro de 2012 na Folha de Pernambuco

Ler é jogar

Como encontrar a Maga? Onde está a Maga? Mas por que é preciso encontrar a Maga? São algumas das premissas de que Julio Cortázar lançou mão em *O jogo da amarelinha*,[41] talvez o romance que melhor colocou em perspectiva que literatura é sorte e azar, destino e acaso. É decisão. A personagem da Maga é o amor que pode se transformar em morte; a estrada que se bifurca entre paraíso e inferno. Cabe ao leitor escolher o caminho e segui-lo. Tudo depende da próxima página.

Cortázar armou uma obra aberta, mas com certas regras a serem obedecidas: posso ler seus 155 capítulos na ordem que preferir. Posso começar no de número 56, voltar para o de número 12 e depois correr para o de número 98. Cada combinação escolhida dá à trama, e às

---

41. CORTÁZAR, J. **O jogo da amarelinha**. São Paulo: Companhia das Letras, 2019.

personagens, um colorido diferente. Cada combinação traz como prêmio uma nova Maga.

Até hoje causa polêmica a arquitetura do clássico de Cortázar. Talvez não seja sua obra mais perfeita, ainda que tenha resultado em seu trabalho com maior grau de radicalidade. Lembrar Cortázar é fundamental no momento em que expressões como jogo, gamificação e o neologismo ergódico são colocadas em perspectiva para retratar uma literatura lúdica, competitiva e exploratória como um futuro possível ou mesmo irremediável.

Ler como um jogo. Não mais um "jogo da amarelinha" (essa brincadeira infantil hoje tão anacrônica), mas uma disputa entre leitores ou entre o autor e seus leitores (quem tem mais controle sobre a trama? Quem sabe melhor o destino dos personagens?). Até a Academia Brasileira de Letras entrou na discussão e realizou no fim de novembro de 2012 o seminário "Jogos e educação: presente e futuro".

Os games são uma nova forma de criar, capaz de influenciar a produção literária e outros tipos de arte. Para o professor norueguês Espen Aarseth, da Universidade de Bergen, "[os] jogos mudam a maneira como leitores e autores veem o mundo. Isso fica óbvio à medida que autores que cresceram com games começam a escrever".[42] E continua: "Cada vez mais pessoas passam tempo em experiências lúdicas, exploratórias, competitivas, que

---

42. AARSETH, E. Frases. **Folha de S.Paulo.** Disponível em: https://www.folha.uol.com.br/fsp/tec/81517-frases.shtml. Acesso em: 23 out. 2022.

são games, em contraste com a literatura tradicional, passiva e linear".

Pensar na leitura como um jogo talvez seja uma forma de reapresentar a ficção para novos e novíssimos leitores em tempos de tablets e "computadores-luz", para "roubarmos" aqui uma expressão de Caetano Veloso. Mas quem sabe a leitura seja em essência uma competição, uma enorme competição, em que o escritor arma o seu tabuleiro, cria as artimanhas e algumas regras e, assim, procura seduzir prováveis "jogadores"? Ao aproximarmos a palavra "jogo" da palavra "literatura" com tamanha ênfase, agora acreditamos estar no caminho de resgatarmos a importância da ficção, encontrando uma nova "função" para ela. Mas há décadas Cortázar já nos alertou: ler é jogar.

A Fliporto 2013 entrará na discussão com o tema "A literatura é um jogo" porque sabe que um festival literário precisa ecoar o Zeitgeist no qual vivem todas as peças envolvidas no universo do livro. Só não poderemos dizer que vamos começar a "jogar" porque, como advertiu o mestre argentino, estamos jogando desde sempre. A diferença é que em 2013 nossa missão é abertamente encontrar a "verdadeira Maga".

Artigo publicado em 10 de dezembro de 2012 na Folha de Pernambuco

Mario Vargas Llosa, um olhar contemporâneo

O escritor peruano e prêmio Nobel de Literatura, Mario Vargas Llosa, esteve de 17 a 19 de abril no Brasil participando de eventos em São Paulo e no Rio de Janeiro. Em São Paulo, na Fronteiras do Pensamento, abordou o tema do seu último livro, *A civilização do espetáculo*.[43] No Rio de Janeiro, no auditório do IBMEC, a fala foi "A nova era da incerteza". Temas do contemporâneo.

Tive a honra e a responsabilidade de debater na mesa com ele, após a sua apresentação, e fazer a sua saudação na cidade do Rio de Janeiro.

Abri um projeto pessoal de diálogos com grandes escritores, artistas e pensadores do contemporâneo. No ano passado, tive seis conversas com Francisco Brennand, por exemplo.

---

43. VARGAS LLOSA, M. **A civilização do espetáculo:** uma radiografia do nosso tempo e da nossa cultura. Rio de Janeiro: Objetiva, 2013.

Tenho estudado arte contemporânea e estive recentemente no Instituto Inhotim, em Minas Gerais, o maior centro cultural de arte contemporânea a céu aberto do mundo, um diálogo entre arte e natureza.

Trouxe este ano ao Recife o filósofo e escritor Slavoj Žižek, que resiste ao pensamento hegemônico liberal. Paradoxalmente, ajudei a trazer Mario Vargas Llosa, que é um liberal, mas um perspicaz observador do mundo. Estive, em março, na Grécia para ver a crise grega de perto e festejar o dia de São José com Paulo Coelho. Ele vem afirmando que o mundo caminha para um fundamentalismo religioso que não é só islâmico. Esse projeto vai se materializar em meu novo livro, a ser lançado em julho deste ano, que se chama *Resistir em tempos difíceis: um olhar sobre o contemporâneo* e que aborda o labirinto de crises em que vivemos.

Vencer é a própria capacidade de resistir, já dizia meu pai, o escritor Maximiano Campos.

A literatura também é um jogo de ideias e valores. Um jogo que nos coloca em nocaute desde as primeiras e violentas linhas, que nos faz sentir que estamos bem longe de casa e com o rosto colado na lona, irremediavelmente vencidos pelo poder de apreensão de mundo que grandes jogadores, ou melhor, os grandes autores nos impõem sem dó algum. Quando eu, e muitos de vocês aqui presentes, já fomos nocauteados por Mario Vargas Llosa? Inúmeras, mas destaco algumas. Lembro seu poder de síntese impressionante no parágrafo inicial de *A guerra do fim do mundo*, que nos apresenta o seu objeto de estudo e fascínio, o mítico Antônio Conselheiro:

> O homem era alto e tão magro que parecia estar sempre de perfil. Sua pele era escura; seus ossos, proeminentes, e seus olhos flamejavam com um fogo perpétuo. Usava sandálias de pastor e a túnica roxa que lhe caía sobre o corpo lembrava o hábito daqueles missionários que, vez por outra, visitavam as vilas do sertão batizando multidões de crianças e casando os pares amancebados. Era impossível saber sua idade, sua procedência, sua história, mas havia algo na sua expressão tranquila, nos seus costumes frugais, na sua imperturbável seriedade que antes mesmo de começar a dar conselhos atraía as pessoas.[44]

Em poucas palavras, Vargas Llosa ergue não apenas um homem à nossa frente mas todo o inventário de perdas, danos e tentativas a pulsar por trás da história da América Latina.

Ao indagá-lo sobre como surgiu Canudos em sua vida, ele disse ter sido pela leitura de *Os sertões*,[45] de Eu-

---

44. VARGAS LLOSA, M. **A guerra do fim do mundo**. Rio de Janeiro: Alfaguara, 2016.
45. CUNHA, E. **Os sertões**. São Paulo: Ubu, 2019.

clides da Cunha, e que Canudos o fez conhecer melhor a América Latina, que teve vários Canudos, segundo ele que também é grande admirador de Guimarães Rosa e amigo da escritora e acadêmica Nélida Piñon.

Mas Vargas Llosa não é apenas um grande autor e um fomentador de desejos e de pequenos segredos que desesperadamente precisam ser revelados. A experiência de ler romances como *Conversa no Catedral*,[46] *Elogio da madrasta*[47] e *Tia Julia e o escrevinhador*[48] é semelhante àquela que sentimos quando nossos diários íntimos são roubados e acabam lidos em voz alta em praça pública. E convenhamos: todos os diários são escritos para serem roubados.

Ao olhar para o seu país, operando com doses equivalentes de crítica e amor, Vargas Llosa se tornou um dos nossos grandes biógrafos. Sua obra nos ajudou a entender o que é ser um latino-americano algumas vezes perdido na América Latina, e algumas vezes o que é ser um latino-americano no mundo. Ler Vargas Llosa é um exercício simultâneo de autoconhecimento e de enorme prazer.

Vargas Llosa é um observador atento da cultura de massa em que vivemos. Em seu recente livro, *A civilização do espetáculo*, faz uma crítica à banalização da literatura

---

46. VARGAS LLOSA, M. **Conversa no Catedral**. Rio de Janeiro: Alfaguara, 2013.

47. VARGAS LLOSA, M. **Elogio da madrasta**. Rio de Janeiro: Alfaguara, 2009.

48. VARGAS LLOSA, M. **Tia Julia e o escrevinhador**. Rio de Janeiro: Alfaguara, 2007.

e das artes no contemporâneo, e relembra que no passado eram uma espécie de consciência de resistência de valores. Ele reprova a fragilização da arte contemporânea e faz uma crítica importante para entender a arte de nossa época e suas complexas relações com o dinheiro. Cita o tubarão de 12 milhões de dólares do artista britânico Damien Hirst como um dos símbolos dessa era. Em outubro, lançará um novo romance, *O herói discreto*.[49]

Não é apenas um forte crítico de sistemas políticos e um intransigente defensor da liberdade. Ele é um escritor essencialmente e daqueles fundamentais: como um grande observador do mundo contemporâneo e essa nova era das incertezas, marcada por uma forte crise de valores.

Como deixou registrado no prefácio de *Pantaleão e as visitadoras*:[50]

> a ficção é uma mentira que encobre uma verdade profunda: ela é a vida que não foi. Ela não é o retrato da história, mas sua contracapa ou reverso, o que não aconteceu e, precisamente por isso, precisou ser criado pela imaginação e pelas palavras para satisfazer as expectativas que a vida de verdade era incapaz de cumprir.

---

49. VARGAS LLOSA, M. **O herói discreto**. Rio de Janeiro: Alfaguara, 2013.
50. VARGAS LLOSA, M. **Pantaleão e as visitadoras**. Rio de Janeiro: Alfaguara, 2007.

Estamos falando de um grande escritor que sempre vence suas batalhas e que nos convida a ir junto em sua aventura na escrita. Esse escritor é Mario Vargas Llosa.

Texto-palestra sobre Mario Vargas Llosa na Academia Pernambucana de Letras em 27 de maio de 2013

A criação destruidora

O escritor e filósofo Slavoj Žižek nasceu em Liubliana, na antiga Iugoslávia. Atua como professor na European Graduate School e no Instituto de Sociologia da Universidade de Liubliana. Žižek é conhecido pelas suas teorias sobre o real, o simbólico e o imaginário. É conhecido como o "Elvis da teoria cultural" e será o convidado da primeira edição do projeto "ArtFliporto Apresenta", realizado no próximo dia 15 de março, no Teatro da Universidade Federal de Pernambuco. Na ocasião, o filósofo falará sobre o tema "De Hegel a Marx... E de volta Hegel! A tradição dialética em tempos de crise". Após a conferência, Žižek fará uma sessão de autógrafos do seu livro *Menos que nada: Hegel e a sombra do materialismo dialético*,[51] lançado pela Boitempo Editorial. Žižek está reno-

---

51. ŽIŽEK, S. **Menos que nada**: Hegel e a sombra do materialismo dialético. São Paulo: Boitempo Editorial, 2013.

vando o pensamento à esquerda em um mundo quase dominado pelo chamado pensamento único.

Žižek extrai seu pensamento do idealismo alemão e da psicanálise, sendo fortemente influenciado por Lacan, Marx, Hegel e Schelling. Žižek defende o "real em sua violência extrema como o preço a ser pago pela retirada das camadas enganadoras da realidade". Afirma que o real é um enigma que não deve ser equiparado com a realidade que enxergamos. Segundo ele, nossa realidade foi construída a partir de símbolos. A realidade seria uma ficção. É preciso analisar constantemente aspectos como o antagonismo social, a vida, a morte e a sexualidade para compreender melhor esse contexto no qual estamos inseridos.

A obra de Slavoj Žižek tem estado na linha de frente do debate filosófico, político e cultural nos últimos tempos. Da teoria da ideologia até a crítica da subjetividade, a ética, a globalização, o espaço cibernético, os estudos sobre cinema, o cognitivismo, a teologia e a música, a influência do sociólogo se estende amplamente no mundo contemporâneo. Suas intervenções continuam a provocar debates e a transformar nossa maneira de pensar.

As ideias do filósofo estão presentes em várias obras, entre elas *Eles não sabem o que fazer: o sublime objeto da ideologia*,[52] *O mais sublime dos histéricos: Hegel com Lacan*,[53]

---

52. ŽIŽEK, S. **Eles não sabem o que fazer**: o sublime objeto da ideologia. Rio de Janeiro: Zahar, 1993.
53. ŽIŽEK, S. **O mais sublime dos histéricos**: Hegel com Lacan. Rio de Janeiro: Zahar, 1991.

[...] o real é um
enigma que não
deve ser equiparado
com a realidade
que enxergamos.

Um mapa da ideologia,[54] *As portas da revolução*,[55] *Arriscar o impossível*[56] e *Bem-vindo ao deserto do Real!*.[57]

Em *Bem-vindo ao deserto do Real!*, Žižek alega que os arquétipos de uma superestrutura capitalista globalizante não deixam as pessoas enxergarem a realidade, mas apenas uma falsa reprodução dela.

O filme *Matrix* (1999),[58] sucesso das irmãs Wachowski, levou essa teoria ao ápice, dizendo que a realidade material que sentimos e vemos à nossa volta é virtual. Tudo é gerado e coordenado por um gigantesco computador ao qual estamos ligados.

No filme, o herói, interpretado por Keanu Reeves, acorda e se depara com a cidade de Chicago completamente destruída após uma guerra global. O líder da resistência, Morpheus, lança-lhe uma estranha saudação: "Bem-vindo ao deserto do Real". Essa frase é exatamente uma metáfora do que vivemos.

O homem vive preso a uma matriz materialista, mas somos mentais e espirituais. O mundo é mental. A intenção move o Universo. Tornamo-nos aquilo que pensamos.

---

54. ŽIŽEK, S. (org.) **Um mapa da ideologia**. São Paulo: Contraponto, 2007.
55. ŽIŽEK, S. (org.) **Às portas da revolução**: escritos de Lenin de 1917. São Paulo: Boitempo Editorial, 2005.
56. DALY, G.; ŽIŽEK, S. **Arriscar o impossível**: conversas com Žižek. São Paulo: Martins Fontes, 2006.
57. ŽIŽEK, S. **Bem-vindo ao deserto do Real!**: cinco ensaios sobre o 11 de Setembro e datas relacionadas. São Paulo: Boitempo Editorial, 2003.
58. MATRIX. Direção: Lana Wachowski, Lilly Wachowski. Austrália, EUA: Warner, 1999. (136 min).

Há quem diga que a vida real acontece quando adormecemos. No momento em que acordamos, estamos dormindo, pois o homem acordado é tridimensional e sente o tempo linearmente, no tempo do "não tempo". Ao dormir e/ou ativar o lado direito do cérebro, seria possível despertar uma quarta dimensão, a intuição, conectando uma grande rede cósmica numa quinta dimensão.

Somos parte de uma realidade ficcional, ilusória, onde nada existe, tudo foi construído. Precisamos despertar para o mundo real. E um pouco do pensamento desse filósofo, cuja obra merece ser melhor conhecida.

Artigo publicado em 25 de fevereiro de 2013 na Folha de Pernambuco

Capítulo 4

Encontre sua expressão artística

MoMA, o museu

O Museu de Arte Moderna (MoMA) de Nova York é um verdadeiro templo de devoção às obras-primas modernas. Há oitenta e dois anos, ele acolhe importantes pinturas do mundo inteiro e hoje possui a melhor e mais completa coleção de arte do século XIX ao XXI.

São cerca de 150 mil peças, entre pinturas, esculturas, desenhos, fotografias, objetos decorativos e maquetes. Fica difícil até imaginar que o MoMA, o primeiro museu a dedicar toda a sua coleção ao movimento modernista, deu o seu pontapé inicial ao receber uma doação de oito gravuras e um desenho, e poucos anos depois tornou-se o mais famoso museu de arte moderna do mundo. E os números comprovam e justificam o seu sucesso: 58 mil metros quadrados de área demonstram a imensidão espacial e artística do museu que conta ainda com uma livraria com mais de 300 mil livros e ficheiros de mais de 70 mil artistas.

Entre as pinturas em exibição no museu, destacam-se *A persistência da memória*, de Dalí; *A noite estrelada*, de Van Gogh; *Nenúfares*, de Monet, e tantas outras belíssimas raridades. Sua galeria de fotografias abriga obras geniais dos famosos fotógrafos Cartier-Bresson e Man Ray. Além disso, o museu, reinaugurado em 2004 após passar por uma reforma multimilionária, acolhe galerias dedicadas à arquitetura e ao design, com projetos e desenhos de artistas como Frank Lloyd Wright. O visitante ainda tem a oportunidade de conhecer a arte contemporânea em multimídia, datada de 1970. Uma ode e verdadeiro deleite para os apreciadores da boa arte.

O MoMA tornou-se, com o passar do tempo e o visível reconhecimento do seu fiel público e da mídia, um ambiente para programas familiares ou individuais, chamando todas as faixas etárias para apreciar a sua beleza magnífica. Além da possibilidade de um passeio entre as várias obras-primas lá presentes, o museu oferece um atraente calendário de eventos, a partir do qual o visitante pode desfrutar de palestras gratuitas e mostras temporárias do mais alto nível. De fato, uma atração turística imperdível para quem ama a arte contemporânea e todas as suas vertentes.

Artigo publicado em 6 de julho de 2011 no Jornal do Brasil

ArtRio e Bienal SP

A Bienal de São Paulo e a ArtRio dão um verdadeiro exemplo de amor à arte contemporânea. O objetivo é aproximar a população das artes visuais e, além disso, tornar esse tipo de expressão ainda mais acessível e atraente. Na capital carioca, por exemplo, a ArtRio – Feira Internacional de Arte Contemporânea – prolifera a boa e moderna arte, tentando levá-la para a rotina das pessoas até o próximo dia 16 de setembro.

Na programação do evento carioca, uma centena de galerias nacionais e internacionais leva e comercializa a contemporaneidade artística mundial para a Cidade Maravilhosa, contando ainda com um espaço voltado para o público infantil e palestras gratuitas dentro da temática. Este ano, por exemplo, contará com a participação da considerada maior galeria de arte do mundo, a Gagosian, de Nova York, que trará obras de artistas como Picasso e Henry Moore. A ArtRio inspirou-se na SP-Arte,

A efervescência artística mundial apresentada no nosso país é bela e transformadora. E precisa da atenção e da contemplação de todos nós.

feira que se encontra em sua oitava edição, sob a direção e idealização de Fernanda Feitosa.

Também em São Paulo, a consagrada Bienal de 2012, em sua 13ª edição, trouxe cerca de 3 mil obras de mais de cem artistas, apresentando à sociedade o que há de relevante no cenário artístico da arte contemporânea mundial. Para os amantes e curiosos da arte contemporânea, esses são momentos e oportunidades imperdíveis. A efervescência artística mundial apresentada no nosso país é bela e transformadora. E precisa da atenção e da contemplação de todos nós.

Artigo publicado em 19 de setembro de 2012 no Jornal do Brasil

Do lixo ao Oscar

Pessoas que passaram e superaram as dificuldades da vida devem ser sempre lembradas. O catador de lixo Sebastião Carlos dos Santos, personagem do documentário anglo-brasileiro *Lixo extraordinário*,[59] é uma dessas notáveis figuras.

Hoje, o homem de 32 anos se recorda com orgulho da difícil e, muitas vezes tida como vergonhosa, infância como catador e filho de catadores de lixo. Após vinte anos recolhendo materiais recicláveis em um dos maiores aterros sanitários do mundo, o Jardim Gramacho, em Duque de Caxias, periferia do Rio de Janeiro, Tião tornou-se presidente da Associação de Catadores e Amigos do Jardim Gramado, e dá continuidade aos estudos com o objetivo de entrar na faculdade de Sociologia.

---

59. LIXO extraordinário. Direção: Lucy Walker. Brasil, Reino Unido: Downtown Filmes, 2010. (99 min).

Essa história de superação e esforço é uma das retratadas na produção, filmada de agosto de 2007 a maio de 2009 e recém-indicada ao Oscar de melhor documentário. O trabalho do artista plástico Vik Muniz com os catadores de materiais recicláveis foi inicialmente fotografado com o objetivo de retratá-los de maneira digna e positiva.

O documentário, vencedor de prêmios nos festivais de Sundance e Berlim em 2010, foi dirigido por João Jardim, Lucy Walker e Karen Harley. Recentemente, Vik Muniz se mostrou muito satisfeito com o retorno da produção e acredita que a indicação surgiu em momento oportuno, porque o lixão de Gramacho vai fechar em 2012 e os catadores se encontram perdidos em relação ao futuro que terão. Com essa indicação ao Oscar, a questão e as necessidades deles certamente terão mais visibilidade.

A vida do ex-catador já está bem diferente. Com a venda das obras feitas por Vik, a cooperativa já recebeu cerca de 200 mil reais, e Tião conseguiu realizar seu maior sonho de vida: comprar a casa própria nas proximidades do Jardim Gramacho.

Vik e a equipe de produção do filme já fazem mais planos para o sonhador Tião. Eles pretendem levar o personagem do filme para subir ao palco e receber o possível prêmio, conta o artista.

Artigo publicado em 7 de fevereiro de 2011 no Jornal do Brasil

Inhotim, arte e natureza

A arte contemporânea e a botânica andam juntas no Instituto Inhotim, em Brumadinho, localizado a sessenta quilômetros ao sul de Belo Horizonte. O acervo de arte conta com mais de quinhentas obras, expostas em locais abertos ou em galerias, produzidas por mais de 130 artistas de nacionalidades diferentes. As obras datam desde os anos 1960. É o maior centro de arte contemporânea a céu aberto do mundo.

O diálogo entre a arte e a natureza em um jardim botânico é a concretização do sonho do empresário de mineração Bernardo Paz. O que no início era uma bela fazenda com uma coleção particular de arte contemporânea virou um instituto cultural, tornando-se um dos centros culturais mais visitados do globo. Inhotim possui a maior coleção de palmeiras do mundo, reunidas em um jardim botânico entre as mais de 4.500 espécies nativas e exóticas reunidas no espaço.

Encontre sua expressão artística

O que no início era uma bela fazenda com uma coleção particular de arte contemporânea virou um instituto cultural, tornando-se um dos centros culturais mais visitados do globo.

O Jardim de Inhotim, cujo paisagismo recebeu influência do botânico Burle Marx, amigo de Paz, abriga milhares de espécies vegetais raras, cinco lagos e reservas de mata preservada. É de se destacar também o trabalho do instituto com a comunidade local que, atualmente, é o segundo empregador do município, oferecendo também programas educativos que promovem a democratização do conhecimento. O lugar conta ainda com opções de gastronomia e lazer, como restaurantes, biblioteca e ateliês.

Entre os artistas com obras contemporâneas acolhidas por Inhotim estão Adriana Varejão, Edgard de Souza, Valeska Soares, José Damasceno, Ernesto Neto, Dan Graham, Tunga, Hélio Oiticica e Neville d'Almeida. Em funcionamento há sete anos, o Inhotim apresenta um forte potencial cultural, ambiental e artístico. Um lugar brasileiro com um pedaço da arte do mundo a se conhecer, admirar e preservar.

Artigo publicado em 15 de abril de 2013 no Diário de Pernambuco

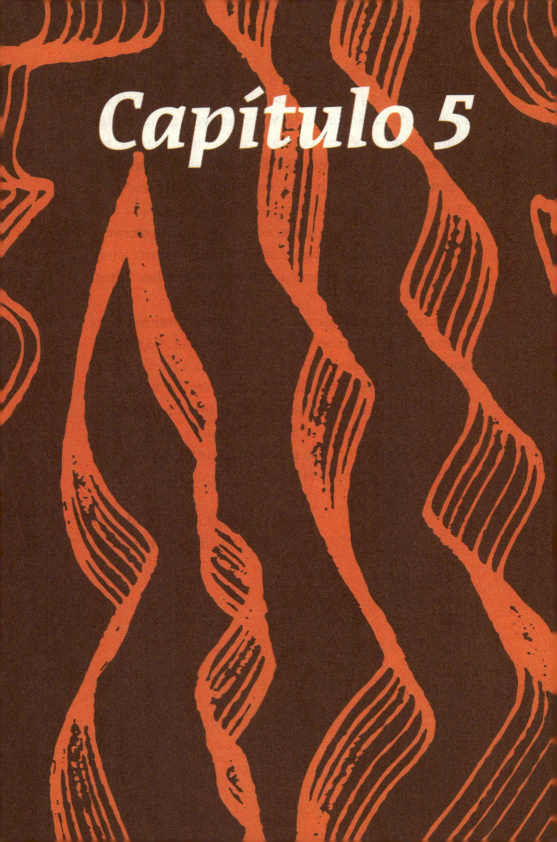

Envolva-se com a natureza

Francisco Brennand e sua visão ecológica da vida

Fui visitar recentemente Francisco Brennand em sua oficina, no bairro da Várzea, no Recife, onde um dia foram as ruínas da velha Cerâmica São João. Ouso acrescer à crônica *A cartola do mágico* (1974), do meu tio Renato Carneiro Campos, sobre Brennand: a cartola é de mágico e de gênio.

Indaguei ao mestre: o que é a arte? O não destino, como disse André Malraux. Criar é uma forma de não morrer.

Perguntei quais escritores ou livros o influenciaram. Ele repetiu cinco vezes um mesmo nome: Dostoiévski.

Usa um símbolo de Oxóssi e diz que é porque, embora aparentemente a entidade orixá seja caçadora para sobreviver, na realidade é amiga dos animais e da floresta, pois afugenta os homens que a invadem pelo prazer de matar. Na oficina, há um belíssimo jardim projetado por Burle Marx.

E tudo ali começa com um ovo, no Grande Pátio do Templo ao Ovo Primordial. Sem reprodução não há vida, não há criação. O grande enigma do mundo, segundo ele. Daí a sua obra ser marcada por uma forte carga sexual. Brennand está escrevendo um diário íntimo que já está em vários volumes.

Certa feita, disse em entrevista: "Tenho certeza de que o fantasma de Gaudí me acompanha [...]. Assim como o fantasma de meu pai me acompanha". Dizem que quando conheceu, na Espanha, a originalíssima obra de Gaudí, criou-se nele uma grande inquietação artística, tendo sido influenciado pela arte do espanhol.

Brennand viu o essencial. O homem, ao se achar superior aos animais, à natureza, virou o inimigo comum de todos e de si próprio, perdendo o paraíso, e começou a destruir a "mãe Terra", que é um dos principais painéis do seu "santuário", logo na entrada. Chama seus totens de árvores da vida.

Pedi que citasse um movimento em artes plásticas e ele disse: "Impressionismo". Quando os artistas deixaram os seus ateliês e foram ver e pintar na natureza. E ela era bela e tinha luz. "A fotografia em preto e branco é uma aberração, porque na natureza tudo tem cor", diz ele.

Impressionante a sua visão do personagem bíblico Caim, que se desenvolveu ao ler o romance de John Steinbeck *A leste do Éden*.[60] Um injustiçado, segundo

---

60. STEINBECK, J. **A leste do Éden**. Rio de Janeiro: Record, 2005.

O homem, ao se achar superior aos animais, à natureza, virou o inimigo comum de todos e de si próprio, perdendo o paraíso, e começou a destruir a "mãe Terra".

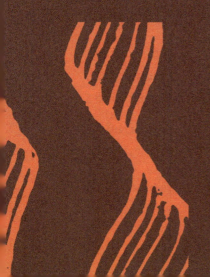

Brennand. A carga foi grande demais para Caim, que era um desastrado. E aconteceu o que aconteceu. Abel foi assassinado. Em cima da imagem de Caim chorando sangue há uma cruz copta significando perdão.

Falou do filme *Vidas amargas*,[61] baseado no livro de Steinbeck e dirigido por Elia Kazan, que é o primeiro dos três grandes filmes que criaram o legado de James Dean no cinema.

O seu cavalo de Troia é de grande beleza, simbolizando a eterna astúcia de Ulisses em seu estratagema enganador para o Ocidente (Grécia) conquistar o Oriente (Troia). O templo do sacrifício é emblemático. Tem as cabeças (esculturas) dos conquistadores que dizimaram as avançadas civilizações maia e asteca, bem como a imagem do pintor Gauguin, um europeu que admirou o Novo Mundo.

A sua obra é uma mitologia inventada por ele próprio com fortíssima inspiração nos deuses gregos. Sempre buscando desvendar o mistério, o grande enigma.

Brennand finalizou a minha visita e o nosso diálogo mostrando um texto de Plotino, em um painel, que seria a síntese de tudo ali:

> Toda coisa no céu inteligível também é céu, e ali a Terra é céu, como também os animais, as plantas, os homens e o mar. Têm por espetáculo

---

61. VIDAS amargas. Direção: Elia Kazan. EUA: Warner Bros, 1955. (115 min).

um mundo que não foi gerado. Cada um se vê nos outros. Não há nesse reino coisa que não seja diáfana. Nada é impenetrável. Nada é opaco e a luz encontra a luz. Todos estão em toda parte. E tudo é tudo. Cada coisa é todas as coisas. O Sol é todas as estrelas e todas as estrelas são o Sol. Ninguém ali caminha como sobre uma terra estranha.

No início da criação do ateliê de Brennand, o cronista Renato Carneiro Campos, em sua antevisão, já em 1974, disse em marcante texto:

> Com o passar dos anos, o seu ateliê se tornará mais importante do que o Teatro Santa Isabel, a Academia Pernambucana de Letras, o Museu do Estado. Nele se reflete todo o poder criador de um artista excepcional, que fará com que Pernambuco, e não se passará muito tempo para que isso aconteça, seja incluído obrigatoriamente no roteiro turístico-artístico não somente nacional, mas de toda a América.

A Oficina Francisco Brennand é um dos ateliês essenciais das Américas. Tio Renato tinha razão.

Artigo publicado em 11 de junho de 2012 na Folha de Pernambuco

Christina Oiticica e sua arte de "pintar quadros"

Foi um grande sucesso a exposição "Amazônia", da pintora Christina Oiticica, que teve início no dia 15 de março de 2010 no Hotel Diplomat, em Estocolmo, na Suécia, por ocasião da conferência "O Brasil e o futuro – Biocombustíveis, novas energias, ciência e cultura", uma iniciativa do *Jornal do Brasil*, da Casa Brasil e da Câmara de Comércio Brasileira na Suécia.

Companheira do escritor Paulo Coelho, essa talentosa artista plástica brasileira, que já expôs em tantos países pelo mundo – França, Espanha, Estados Unidos, Suíça, Itália, Polônia, Bélgica, Alemanha, Holanda, Irlanda e Eslováquia –, agora vê sua arte brilhar na terra onde são escolhidos os vencedores dos prêmios Nobel.

Christina Oiticica, como ela própria gosta de dizer, "planta quadros" na terra. Em suas telas, a natureza pinta, deixa marcas, sendo cocriadora da obra. Na realidade, a terra é cocriadora de tudo, inclusive de nós.

147   Envolva-se com a natureza

Dona de uma arte originalíssima e apaixonante, sua pintura vem recebendo o reconhecimento crescente do público e da crítica. Apresentada pela primeira vez, a exposição "Amazônia" conta com vinte quadros que foram enterrados na floresta amazônica da região do Acre e retirados após um ano. Os quadros renascem e são tratados e expostos por Christina. O quadro "Portal de Gaia" destaca-se na mostra. A tela é uma grande janela para o interior da terra, nossa grande mãe, local da aventura humana.

Desde 2003, Christina Oiticica divide sua vida entre os Pirineus do sudoeste da França e o Rio de Janeiro, locais que escolheu para morar e que a inspiram a desenvolver seu trabalho junto à natureza. A artista estabelece uma generosa parceria com os elementos naturais, concebendo seus trabalhos com essa interferência direta, uma vez que suas telas são deixadas em leitos de rios, florestas, dentro de árvores; e depois de certo tempo, ela faz o que chama de correção.

De maneira simples e direta, a pintora retrata em seu trabalho o mundo, o momento presente e as sociedades em que vive. A força e a magia das telas da artista nos foram apresentadas desde sua primeira exposição, com os belíssimos quadros surgidos da sensibilidade de sua impressão visual em uma peregrinação pelo Caminho de Santiago de Compostela, em 1990, na Espanha. A mostra foi montada, à época, na Casa de Espanha, no Rio de Janeiro, de modo que o visitante pudesse não só observar a temática dos quadros, mas também experimentar um percorrer simbólico do Caminho Santo.

A artista diz que enterra seus quadros porque se interessa pela natureza como coautora de sua arte, mas não só pela intervenção estética dos elementos naturais em contato com as telas, também pelo que chama de marcas invisíveis deixadas por estes. Christina pinta ao ar livre já há bastante tempo. Deixou as paredes dos ateliês e passou a exercer os momentos de criação de suas telas no chão dos bosques e nos leitos dos rios. E foi assim que chegou a essa técnica de fazer dos elementos da natureza coautores de sua obra. Casualmente, um dia trabalhando em um campo, viu um inseto e uma flor de algodão passando sobre um quadro que pintava. Longe de incomodá-la, isso lhe pareceu belíssimo.

A pintura de Christina é muito simbólica. Sendo grande devota da Virgem Maria, sempre trabalhou com o universo feminino: o corpo; os círculos; as transparências; a boca que se transforma em coração ou em rosa. Então logo veio a ideia de trabalhar na terra, que simboliza o útero e a fecundidade, e tudo se encaixou na semiótica arte de Christina Oiticica.

Sensível, doce e muito forte, ela é amante das mariposas, da terra e da água. Um espírito livre que irradia agradecimento pela vida em cada pensamento. A sua pintura é uma espécie de carta da terra a lembrar que a natureza é nossa criadora, nossa morada, lugar sagrado. Talvez por isso as obras que a natureza lhe devolve

Sensível, doce e muito forte, ela é amante das mariposas, da terra e da água. Um espírito livre que irradia agradecimento pela vida em cada pensamento.

não são exatamente quadros, mas pequenos tesouros, presentes da terra, dos pequeninos seres vivos que ali deixam suas marcas, da chuva, da lua, do sol e da imensa energia das quatro estações.

Christina percebe a arte como um caminho de pesquisa. Ousa, inventa, reinventa. O caminho do belo para ela é encontrado em várias linguagens de tradução de sua obra. Tenho a intuição de que as raízes familiares e culturais de Christina, no Nordeste do Brasil, estão chamando-a para um projeto nos sertões nordestinos. Afinal, o sertão está em todo lugar, como já dizia o mago de Cordisburgo, Guimarães Rosa. E a arte e a vida de Christina Oiticica são peregrinas, levando-a a colher "quadros plantados" mundo afora.

Artigo publicado em 12 de abril de 2010 no Jornal do Brasil

A causa da água

A importância da água tem início na composição do corpo humano. Cerca de 70% a 80% do nosso peso corporal é composto de água. Em outras dimensões, é que a água cobre, em média, três quartos da superfície da Terra, sendo a maioria constituída de água salgada.

Atualmente o Brasil detém mais de 11% da água doce do planeta, o que torna o país uma região estratégica para o mundo. No total, são 12 mil rios que irrigam o território brasileiro. Além disso, 68% de sua matriz energética vem das águas dos rios, e a Bacia Amazônica possui 6 milhões de quilômetros quadrados, sendo a maior bacia hidrográfica do mundo.

Certamente esses são números expressivos que demonstram o potencial do Brasil quando se trata desse valioso recurso natural.

Paradoxalmente, o Nordeste corre risco de desertificação. Há cerca de trinta anos, o ecologista Vasconcelos

Sobrinho já alertava a possibilidade. O Rio São Francisco pode morrer, independentemente da transposição. É preciso fazer urgentemente um estudo ambiental sobre o Rio São Francisco, estudá-lo e tomar atitudes para preservá-lo.

Atualmente, sofremos a maior seca dos últimos quarenta anos no Nordeste. É um evento cíclico. Por isso precisamos fazer uma ação permanente de combate à seca e não apenas emergencial.

No próximo dia 22 de março, comemora-se o Dia Mundial da Água. O Governo do Estado de Pernambuco investe na realização de obras hídricas, a partir de iniciativas do governador Eduardo Campos. Entre as obras realizadas, o Sistema Pirapama, considerada a maior obra hídrica do país dos últimos anos, que oferece à população 5 mil litros de água por segundo.

Outro importante projeto no setor hídrico é a Adutora do Agreste que, alimentada pelas águas do rio São Francisco, vai beneficiar inicialmente doze municípios, levando água para o Agreste do Estado. A transposição do rio, realizada pelo Governo Federal com o apoio do Estado de Pernambuco e de outros Estados, pretende sanar a deficiência hídrica da região semiárida do Nordeste, conduzindo parte de sua água para o abastecimento de açudes e rios menores, amenizando, assim, a seca durante o período de estiagem. Esperamos que os entraves burocráticos e legais não consigam inviabilizar essa obra.

A Companhia Pernambucana de Saneamento (Compesa) também vai apostar em uma parceria público-privada com o objetivo de universalizar o saneamento básico na Região Metropolitana do Recife. Assim, com a concretização desse projeto, a maior parte da população contará com água encanada, além de coleta e tratamento de esgoto, fundamental para a saúde pública.

O Projeto Capibaribe Melhor, por sua vez, proposto pelo governo estadual em parceria com o município do Recife, revitalizará as margens do Rio Capibaribe. Por fim, o Projeto Capibaribe Navegável, aprovado recentemente, deverá transformar a capital pernambucana na Veneza Brasileira. O rio começará a ser dragado agora em janeiro. Ou seja, contaremos com mais uma alternativa de transporte, dessa vez navegando pelos corredores fluviais. O rio, tão decantado pelos poetas e escritores, passará a integrar de maneira mais afetiva a vida do Recife.

Merecem destaques as barragens de contenção na Mata Sul, para evitar catástrofes, e as obras de contenção do mar no litoral, em Jaboatão dos Guararapes e em outras áreas.

Assim, Pernambuco vem se consolidando como um importante paradigma de obras hídricas para o Brasil e o mundo, projeto que teve início sob a liderança do governador Eduardo Campos, que herdou do avô Miguel Arraes a sensibilidade para o tema água, democratizando o seu uso e, ainda, promovendo o seu aproveitamento e o desenvolvimento sustentável. Pernambuco tem muito o que mostrar ao Brasil.

Artigo publicado em 7 de janeiro de 2013 na Folha de Pernambuco

O mar de Maria Bethânia

Parafraseando o músico Tom Jobim, as águas de março fecharam o verão, mas trouxeram consigo uma inestimável obra-prima que une a água à arte. E é por meio de Maria Bethânia que essa união se concretiza, exitosa e infalível, como toda música produzida pela baiana. E mata, assim, a sede dos seus fãs e admiradores, que esperavam pelo lançamento do novo disco. "Oásis de Bethânia" é a quinquagésima obra de uma das maiores intérpretes brasileiras, que chega, mais uma vez, para mostrar que essa fonte musical e criativa ainda tem muito para nos presentear.

Uma apaixonada declarada pelo mar, irmã do talentoso Caetano Veloso e filha de dona Canô, Maria Bethânia é uma mulher plural, que transcende a atmosfera mundana e chega aos palcos, elegante, geralmente vestida com tecidos leves e claros, esbanjando simpatia e carinho pelo que faz. Certamente, cinquenta discos depois,

Maria Bethânia é uma mulher plural, que transcende a atmosfera mundana e chega aos palcos, elegante, geralmente vestida com tecidos leves e claros, esbanjando simpatia e carinho pelo que faz.

Bethânia tornou-se uma artista ainda mais apurada. O mar, portanto, simboliza e acompanha as metamorfoses da intérprete, que, por onde passa, canta e encanta. "Sou humana, mas tenho uma guelra, é no mar que me sinto em casa", disse Maria Bethânia numa entrevista. Mar, água, praia, litoral. E, claro, o "Oásis de Bethânia", um deleite para lindas canções. A música, de maneira geral, abraça o mar e o relata em várias composições.

Em contraposição, a literatura brasileira, por vezes, esquece o valor do mar que nos rodeia, ao contrário do que a mesma arte literária faz com a temática sertaneja, sendo pródiga ao relatar, por exemplo, o Grande sertão de Guimarães Rosa. Somos feitos e cercados de água, levantar essa bandeira é admitir a honra e a alegria que temos em viver em um país envolvido por lindas praias e mares vivos e reluzentes.

Além de todo o encargo emotivo e delicado trazido pela obra de Maria Bethânia, e também o sentido e o significado existente por trás dos oásis e mares, a cantora mostra-nos, assim, uma relação de leveza e, ao mesmo tempo, firmeza e precisão, cheia de vida e brandura, que devemos manter com o mar. Afinal, como dizia Guimarães Rosa, perto de água tudo é mais feliz.

*Artigo publicado em 25 de abril
de 2012 no* Jornal do Brasil

Gênesis, por Sebastião Salgado

De volta às origens. É assim que o renomado fotógrafo Sebastião Salgado, aos 69 anos, comemora as suas quatro décadas de produção fotográfica. O seu novo ensaio, chamado "Genesis", retrata paisagens e comunidades que sofreram poucas interferências da atual sociedade de consumo. Conhecido mundialmente pela excelência do seu trabalho fotográfico, Salgado já rodou o planeta em busca da fotografia perfeita, ou simplesmente exótica, tendo que, para isso, às vezes, passar por situações de adversidade. Em algumas delas, o mineiro precisou viajar levando a própria comida e, além disso, utilizar painéis solares para produzir energia elétrica e trabalhar em temperaturas de até 45 graus abaixo de zero.

Apaixonado pela causa ecológica – Salgado é fundador do Instituto Terra –, e tendo sido criado em um paraíso verde, o fotógrafo decidiu novamente adentrar o universo do meio ambiente, dessa vez com um diferente

Perceber a existência de tantas culturas, muitas ainda desconhecidas e inabaladas pelo capitalismo, é rejuvenescedor.

olhar e a seu modo: fotografando. Assim surgiu o seu ensaio comemorativo. Para realizá-lo, precisou viajar por mais de trinta países, distribuídos entre os continentes da África, Ásia, Oceania, Antártica e Américas, durante oito anos. O trabalho transformou-se em um livro, lançado pela Editora Taschen, e em uma exposição, inaugurada em Londres, no Museu de História Natural, e que passará por diversas cidades do Brasil. O projeto custou 1 milhão de euros por ano e foi financiado por revistas e jornais que publicaram as reportagens do fotógrafo ao longo do processo produtivo.

O ensaio é uma verdadeira homenagem a este planeta desconhecido que habitamos. Perceber a existência de tantas culturas, muitas ainda desconhecidas e inabaladas pelo capitalismo, é rejuvenescedor.

É entender que não estamos sós e, simultaneamente, reacender a chama da fé na humanidade. É preciso também que esse trabalho de Salgado fortaleça a necessidade da preservação do mundo aliada ao respeito ao espaço e à privacidade do próximo. E essa reflexão é trazida para nós por meio da riquíssima experiência de Sebastião Salgado e na qualidade atemporal do seu trabalho. Um grandioso presente aos nossos olhos e à nossa mente.

Artigo publicado em 30 de abril de 2013 no Diário de Pernambuco

Capítulo 6

Exerça a sua humani-dade

A leste do Éden

O escritor estadunidense John Steinbeck recebeu o Prêmio Nobel de Literatura em 1902 e morreu em 1968. Ficou conhecido aos 33 anos por *Boêmios errantes*,[62] que abriu caminho para o sucesso de *As vinhas da ira*,[63] *A pérola*[64] e *A leste do Éden*.[65]

Em 1955, o cineasta Elia Kazan recorreu à história bíblica de Caim e Abel, em que se baseou *A leste do Éden*, no filme *Vidas amargas*, que projetou o sucesso do mítico James Dean. "Algumas vezes, você não sabe quem é bom e quem é ruim."

Steinbeck escreveu o livro para que seus dois filhos entendessem as origens de sua família de migrantes europeus, que buscaram na Califórnia (EUA) o jardim do

---

62. STEINBECK, J. **Boêmios errantes**. Rio de Janeiro: Record, 1980.
63. STEINBECK, J. **As vinhas da ira**. Rio de Janeiro: Record, 2005.
64. STEINBECK, J. **A pérola**. Rio de Janeiro: BestBolso, 2007.
65. STEINBECK, J. *op. cit.*

Éden e, no paraíso californiano, vão ser picados pela serpente que incita os filhos de Deus, por um lado, ao direito humano da escolha e, por outro, ao pecado.

Trata-se de uma saga que consumiu um ano de trabalho e onze anos de preparação do escritor, que se estende do fim da Guerra de Secessão até a Primeira Guerra Mundial, entrelaçando a história de sua família, do seu país e da condição humana, condenada a viver num mundo do qual Deus partira.

A leste do Éden, que teve como título original "O Vale de Salinas" (região da Califórnia, terra natal do escritor), embora inicialmente recebida com frieza, é uma obra que permaneceu. "Esse campo de batalha entre o bem e o mal, o mais humano de todos, o homem arrependido", deu a posteridade à obra. E diz Steinbeck:

> E em uma coisa eu acredito: que a mente livre e investigativa do indivíduo humano é o que há de mais valioso no mundo. E por uma coisa eu lutaria: pela liberdade da mente para tomar qualquer direção que deseje sem nenhuma pressão. E contra uma coisa eu devo lutar: qualquer ideia, religião ou governo que limite ou destrua o indivíduo. É isso o que eu sou e é isso o que penso. Posso entender por que um sistema baseado numa certa organização deva tentar destruir a mente livre, pois ela é algo que através da análise pode destruir tal

sistema. Certamente, sou capaz de entender isso, e o odeio, e lutarei contra ele para preservar a única coisa que nos separa dos animais não criativos. Se a glória puder ser morta, estamos perdidos.

Artigo publicado em 11 de julho de 2012 no Jornal do Brasil

O poder de Eros

Pablo Picasso aprendeu e ensinou ao mundo como celebrar a vida pela arte e pelas mulheres. Recentemente, o Museu de Belas Artes de Berna, localizado em Barcelona, expôs cerca de cem obras confeccionadas pelo pintor espanhol, todas voltadas para a temática do erotismo e produzidas entre 1905 e 1971. A exposição foi intitulada "O poder de Eros" e as gravuras fazem parte da coleção do milionário magnata das indústrias têxteis de Zurique, George Bloch, falecido em 1984.

O bom gosto de Bloch, que posteriormente se tornou amigo íntimo do espanhol, chegou a juntar cerca de 2 mil obras de Picasso, entre xilogravuras, linografias, aquarelas, litografias, pontas-secas e gravuras, adquiridas a partir de 1920. Sua coleção deu origem a um vasto catálogo, organizado em quatro volumes e, posteriormente, desmembrado em três partes, que serão distribuídas entre museus suíços.

A paixão de Pablo Picasso pelas mulheres o inspirou a pintar quadros que exploravam o desejo e a sexualidade, abordados de maneira sensual, crua e grotesca em suas obras-primas. Na exposição, consta ainda uma lista com as principais mulheres da vida do pintor, como Fernande Olivier, Françoise Gilot e Dora Maar. Nas gravuras expostas, Picasso misturava humor e sexo; em outro período, passou a representar a mitologia greco-romana, com cenas de orgias e referências ao Minotauro.

Picasso conseguiu unir o seu inestimável dom artístico à nudez, tratando a libido, a luxúria, o voyeurismo, o ser humano e suas expressões corporais como verdadeiras obras de arte. São gravuras que despertam a imaginação e conquistam a admiração dos bons observadores.

Obras espetaculares que vão muito além da nudez, expressam a qualidade do artista que ele era. Uma arte que, além de seduzir e convencer, revela, diretamente, o homem no seu estado mais íntimo, sem temer a vulgarização ou rótulos moralistas. Comprovando, portanto, o que dizia o próprio Picasso: "A arte nunca é casta".

Artigo publicado em 9 de maio de 2011 na Folha de Pernambuco

A paixão de Pablo Picasso pelas mulheres o inspirou a pintar quadros que exploravam o desejo e a sexualidade, abordados de maneira sensual, crua e grotesca em suas obras-primas.

O Sagrado Kama Sutra

Muito além de um mero livro exótico, o *Kama Sutra*, escrito no século II, é uma obra sagrada. O que a maioria conhece do *Kama Sutra*, do autor Vatsyayana, é o que é apresentado por meio de um marketing pornô que trata apenas das posições sexuais da obra e que, por sinal, representam apenas um dos capítulos do livro. O que poucos sabem, no entanto, é a concepção do *Kama Sutra* como um manual sobre desejo e prazer, um verdadeiro tratado, sensualmente conduzido, sobre a arte de amar.

A obra, um clássico indiano, ganhou espaço no Ocidente após a primeira tradução para o inglês, feita por Richard Francis Burton e Foster Arbuthnot no século XIX. Daí por diante, a obra conhecida também como *Vatsyayana Kama Sutra* ou *Aforismos sobre o amor*, tornou-se clássica no mundo inteiro. Agora, o Brasil terá a primeira versão integral traduzida diretamente do sânscrito. Ela chegará ao país pela Editora Tordesilhas e com ilustrações de Alfredo Benavídez Bedoya.[66] São dez capítulos e 96 páginas que tratam sobre abraços, beijos, entre outros temas. O livro do prazer nos apresenta, assim, toda a sensualidade e o erotismo oriental.

O *Kama Sutra* transcende a aura meramente erótica e carnal e atinge o nível do amor e da sensualidade entre os seres humanos. Hoje, as livrarias oferecem um leque de possibilidades criadas a partir do *Kama Sutra*, como manuais superilustrados e vídeos que, incansavelmente, exploram as posições sexuais lá apresentadas. No entanto, sabe-se que a obra indiana não se limita a essa percepção. O livro secular e sagrado tornou-se um tratado dos prazeres, essencial para quem busca compreender o amor em suas diversas formas e se aprofundar no universo cultural e sexual que se pode encontrar no *Kama Sutra*.

Artigo publicado em 12 de dezembro de 2012 no Jornal do Brasil

---

66. VATSYAYANA. **Kamasutra**. São Paulo: Tordesilhas, 2011.

Casanova

O mais célebre sedutor foi também o homem que se apresentou ao mundo registrando a própria biografia, escrita em francês e intitulada originalmente como *A história da minha vida*. Don Juan é uma criação humana. Não existiu no mundo dos fatos. Contudo, existiu Giacomo Girolamo Casanova, escritor e aventureiro italiano. Tentou ser militar e eclesiástico, mas desistiu. O seu dom era ser o maior amante do mundo. O roteirista e romancista Flavio Braga fez um resumo da sua famosa, e extensa, autobiografia em *Eu, Casanova, confesso*.[67] Nele, conta confissões de um eterno amante que, dias antes de morrer, falou durante seis horas a um padre. Belo livro. Indico.

---

67. BRAGA, F. **Eu, Casanova, confesso**. Rio de Janeiro: BestSeller, 2008.

"Finalmente, padre, antes das orações que sei que o senhor me obrigará a sussurrar, quero deixar claro que meus pecados são os de um homem que teve a coragem, a audácia e a habilidade para realizar o que a maioria gostaria de fazer." Assim começava a contar toda a verdade da sua polêmica e, para alguns, inspiradora, vida pessoal, repleta de paixões e luxúria.

Em determinado trecho, confidenciou:

> Usei batina apenas para conseguir maior aproximação das carolas, trajei farda pensando em como as mulheres adoram um uniforme e alguma autoridade sem fundamento, dilapidei pequenas fortunas para despir damas que estabelecem um preço para cada peça de roupa, menti no ouvido de futuras amantes como quem diz o que não acredita.

Da Veneza, na Itália, para o mundo, Casanova conheceu a Europa e os grandes personagens da sua época, o século XVIII. Amou muitas mulheres intensamente, tal como o nosso Vinicius de Moraes.

Ambos convergem para uma característica: a arte do ponto de vista desses talentosos amantes. Casanova, na arte literária, com obras como *Nem amor nem mulheres ou O limpador dos estábulos e Isocameron*, e Vinicius, o nosso poetinha, com as suas inesquecíveis composições musicais, além dos conhecidos poemas. E o amante italiano, durante a confissão, finalizou: "Fui devotado a mulheres, ao jogo, ao café e à literatura. Vivi como um filósofo, morro como um cristão".

Artigo publicado em 15 de agosto de 2012 no Jornal do Brasil

George Harrison e o misticismo

O Oriente está em voga também na sétima arte e, desta vez, chega ao público pelo ponto de vista do ex-beatle George Harrison, que apresentou o misticismo da Índia ao grupo de Liverpool e, consequentemente, aos seus fãs do Ocidente. A vida do músico virará um documentário, intitulado *George Harrison: Living in the Material World*, dirigido pelo aclamado diretor de cinema Martin Scorsese e deve estrear em outubro deste ano. O filme teve a produção finalizada em maio de 2010. São o misticismo e a mágica do Oriente *versus* o logicismo do Ocidente.

O novo documentário levou cerca de quatro anos para ser produzido e filmado, e tudo em parceria com Olivia Harrison, viúva do inglês. Antes mesmo de chegar ao mercado cinematográfico, o filme, que conta com entrevistas, performances e fotografias inéditas do músico, será exibido, em duas partes, em um canal estadunidense. Personalidades como Yoko Ono, Ringo Starr,

Eric Clapton e Paul McCartney deram seus depoimentos sobre o guitarrista para a película.

O renomado Scorsese também possui em sua bagagem a produção do filme *Bob Dylan: No Direction Home*, sobre o início da carreira do cantor e compositor, posteriormente considerado pela revista *Rolling Stone* o segundo melhor artista de todos os tempos, perdendo apenas para os Beatles.

Grande músico e tema principal do documentário, Harrison encantou a todos com seu inigualável talento nas guitarras. Nos anos 1960, o inglês passou a disseminar a sua admiração pela cultura indiana no Ocidente, como o fez com o Movimento Hare Krishna, chegando a organizar um evento de caridade grandioso, chamado "Concerto para Bangladesh".

Ainda em vida, Harrison, que foi compositor, ator e produtor de cinema, chegou a ocupar a 22ª posição na lista dos "100 melhores guitarristas de todos os tempos", também pela conceituada revista *Rolling Stone*. Com os Beatles, compôs os clássicos "Something", "Here Comes the Sun", entre outras inesquecíveis canções. Ao final da banda, obteve sucesso na carreira solo. Há dez anos ele morria e deixava para os fãs, espalhados por todo o mundo, um legado musical admirável.

Artigo publicado em 27 de julho de 2011 no Jornal do Brasil

O amor no contemporâneo

Nossa realidade, denominada "modernidade líquida" por Zygmunt Bauman em seu livro *Amor liquido*,[68] é a imagem de uma sociedade isolada, egoísta, sem valores morais e éticos. É um mundo confuso e complexo.

A fragilidade dos vínculos humanos gera sérias dificuldades em nossa capacidade de amar. Na era da comunicação, ocasionada pelos celulares e pela internet, reina a incomunicabilidade, pois não nos aprofundamos mais em nada na era digital e não comunicamos o essencial. O fenômeno da solidão cresce apesar de todas as redes sociais.

Estamos privilegiando relacionamentos em redes sociais virtuais, que são, na verdade, superficiais e frágeis. Cito, mais uma vez, o pensamento de Bauman, que considera as relações sociais reais como bênçãos em um mundo

---

68. BAUMAN, Z. **Amor líquido**: sobre a fragilidade dos laços humanos. Rio de Janeiro: Zahar, 2011.

de "furiosa" individualização. Torna-se mais evidente que o fracasso do amor moderno está atrelado ao fracasso da comunicação.

O filme *2046: os segredos do amor*,[69] do cineasta chinês Wong Kar-Wai, retrato da parcialidade do erotismo contemporâneo, tem como principal objetivo mostrar o fim da plenitude, da inteireza. Para ele, o verdadeiro amor é impossível. Ou melhor, só o parcial existe, e é exatamente isso que nos excita. A incompletude é a única possibilidade humana. Apesar da brilhante visão do cineasta de Hong Kong, a própria história e a grande arte buscam negar essa impossibilidade.

Apesar de estarmos presenciando dia a dia as mudanças tecnológicas e culturais em tempos pós-modernos, não é de hoje que as pessoas vêm alterando o modo de ser, agir e pensar. Há mais de trinta anos, o sociólogo, historiador e professor norte-americano Richard Sennett afirmou que estavam surgindo mudanças entre as esferas da vida pública e privada. Ele acreditava ainda que o esvaziamento da vida pública traz uma série de problemas ao homem contemporâneo. O escritor já percebia que a chegada de uma "ideologia da intimidade" transforma categorias políticas em psicológicas.

Ao discutirmos a crise do amor e dos laços humanos na contemporaneidade, percorremos um caminho histórico que vai desde o amor romântico ao relacionamento

---

69. 2046: os segredos do amor. Direção: Wong Kar-Wai. China, Itália, França, Hong Kong, Alemanha: Warner, 2004. (129 min).

amoroso na perspectiva de gênero. Passamos pela crise do romantismo em diferentes versões, até as novas formas de vínculo entre os homens e as mulheres.

As coisas estão tão mudadas de uns tempos para cá que podemos perceber a ambiguidade existente nessa mutação mental. Os filhos, por exemplo, são muitas vezes considerados objetos de consumo emocional. Apesar de serem capazes de despertar os mais puros sentimentos humanos, estão disputando com o comércio o título de bem mais valioso. O capitalismo tem como meta fornecer substitutos à altura dos nossos sentimentos mais preciosos para que a sociedade se contente com tão pouco e esqueça, mais uma vez, sua essência: o amor verdadeiro.

Artigo publicado em 17 de abril de 2010 no Jornal do Brasil

Capítulo 7

Conecte-se com o divino

A poesia interpreta o sonho da humanidade e, muitas vezes, indica possíveis caminhos.

Poemas que inspiram

O grande poema é uma oração. Particularmente acredito que também podemos orar a Deus por meio de alguns poemas como se citássemos versos bíblicos. E não estou sozinho nessa crença de que existem verdadeiros poemas-orações capazes de nos inspirar e até transformar pensamentos e atitudes, nos fortalecendo para os embates da vida. O escritor e documentalista Edson Nery da Fonseca gosta de "conversar" com Jesus declamando o poema "Encontro", de Deolindo Tavares:

> Vou me encontrar com Cristo
> A uma e meia da manhã.
> Por que, então, neste momento
> Não me cega a estrela das grandes vigílias?
> Preciso mais do que nunca estar desperto
> E sinto que adormeço sobre finíssimas lâminas de ouro.

189 Conecte-se com o divino

O poeta Manuel Bandeira assim começa um poema-oração: "Nossa Senhora, me dê paciência/ Para estes mares, para esta vida". Poema-oração, aliás, é o título de uma belíssima poesia da escritora e poetisa portuguesa Maria José Rijo. Verdadeira súplica, o poema é escrito com tamanha leveza e mostra sua fé e intimidade com Deus:

> Se há coisas que eu entendo/ Nos cantos que a vento entoa;/ Se há mensagens que eu pressinto/ Nas vozes que eu ouço à toa;/ Se outros olhos choram mágoas/ Que eu sinto no coração,/ E de tudo isso eu posso/ fazer minha oração.../ É, porque, então, sei rezar!/ E se rezar é amar... Quero cantar essa alegria/ Ainda que dos meus olhos/ Corra o pranto sem cessar/ Que nada turve o meu canto/ Se eu nasci para cantar!

A palavra poética tem sua força ancorada na miríade de portos de beleza, que resgata o homem sequestrado pela multidão de ilusões que o confundem e o diminuem. A poesia interpreta o sonho da humanidade e, muitas vezes, indica possíveis caminhos. Ela toma o nosso partido e insere-se de corpo, alma e palavra na ideologia do homem.

Foi acreditando no poder inspirador e transformador da literatura, e sobretudo da poesia, que Nelson Mandela conseguiu não só manter a sanidade mental, como alcançar um equilibrado grau de sabedoria, sobriedade e perspicácia, não perdendo seu foco durante os vinte e sete anos que passou na prisão. Predestinado, ele estava determinado a mudar o seu país. E mudou.

Protagonista de uma luta política que constitui um dos capítulos mais extraordinários do século XX, Nelson Rolihlahla Mandela saiu da prisão em 1990, aos 71 anos, para unificar a África do Sul, marcada pelo ódio entre negros e brancos, e extinguir o apartheid. Após ser libertado da sentença de prisão perpétua, graças à pressão política internacional no então governo sul-africano, o ex-guerrilheiro e líder do Congresso Nacional Africano (CNA), partido formado pelos negros, ganhou o Nobel da Paz em 1993 e elegeu-se presidente da África do Sul um ano depois. Foi a primeira eleição multirracial da história daquele país. Para acalmar o ímpeto dos negros que viviam teoricamente um momento perfeito para a vingança dos anos de apartheid – e o receio dos brancos, Mandela sabiamente pregou em seu país: "O perdão liberta a alma. Ele remove o medo. Por isso é arma tão poderosa".

Nelson Mandela sempre foi um homem de ideias, das palavras, que nunca deixou de acreditar em sua causa e no poder de inspiração que esta lhe deu. E essa força interior sustentada por Mandela para passar por tudo que enfrentou e encarar a obra que realizou é abordada pelo filme *Invictus*, do diretor Clint Eastwood.[70] O roteiro,

---

70. INVICTUS. Direção: Clint Eastwood. Estados Unidos: Warner, 2004. (129 min).

191   Conecte-se com o divino

baseado no livro *Invictus: conquistando o inimigo*,[71] de John Carlin, traz uma série de histórias da vida de Mandela que poderiam ser ficcionais e por isso impressionam.

O filme mostra como o ex-presidente usou a força da linguagem universal do esporte e juntou-se ao capitão da equipe nacional de rúgbi (um dos símbolos do apartheid no país) para unir os sul-africanos e amenizar as tensões raciais entre negros e brancos. O intuito era mobilizar a nação em torno de um objetivo comum: vencer o campeonato mundial de rúgbi, disputado na África do Sul, em 1995. Em um grande exemplo de superação, a equipe do país, considerada azarão, venceu a Copa do Mundo de Rúgbi, que foi tratada por Mandela com peso de atividade política.

A história mostra que o poema "Invictus" – que dá título ao filme – do inglês William Ernest Henley, foi a grande "oração" de Mandela, no período em que passou preso, e acabou sendo a fonte de inspiração para o triunfo do time sul-africano.

No poema, do alto de seu aparente ceticismo religioso, Henley se rende à força do divino e agradece pela consciência de permanecer firme diante das adversidades: "Do fundo desta noite que persiste/ A me envolver em breu – eterno e espesso,/ A qualquer deus – se algum acaso existe,/ Por mi'alma insubjugável agradeço". Mandela gosta mesmo de repetir a última estrofe da

---

71. CARLIN, J. **Invictus**: conquistando o inimigo. Rio de Janeiro: Sextante, 2009.

poesia do inglês: "Por ser estreita a senda – eu não declino,/ Nem por pesada a mão que o mundo espalma;/ Eu sou dono e senhor de meu destino;/ Eu sou o capitão de minha alma".

Não se pode desconhecer a criação humana, em todas as artes, como uma imitação da divindade: uma vez que, tentando criar, o homem imita o Criador incriado. Mas a palavra poética, em especial, quando revestida de singular beleza, realmente encanta, inspira e extasia. Há poemas que são verdadeiros mantras, elevam o homem a Deus, transformam mentes e corações, alavancam almas.

Artigo publicado em 20 de março de 2010 no Jornal do Brasil

Criação imperfeita

Marcelo Gleiser é físico, astrônomo, escritor e professor da Dartmouth College, em New Hampshire, nos Estados Unidos. No Brasil, é colunista da *Folha de S.Paulo*, mas ficou conhecido por escrever obras sobre física para o público leigo, como *A dança do Universo*[72] e *O fim da Terra e do Céu*.[73] Lançou recentemente a obra *Criação imperfeita*.[74] O livro, que faz uma reflexão de 250 anos de pensamento científico, vai de encontro a um dos maiores mitos da ciência e da filosofia ocidental: o de que uma unidade nos liga ao resto do universo.

Há milhares de anos a física tenta explicar como funciona a natureza e afirma que ela é a encarnação

---

72. GLEISER, M. **A dança do Universo**. São Paulo: Companhia das Letras, 2000.

73. GLEISER, M. **O fim da Terra e do Céu**: o apocalipse na ciência e na religião. São Paulo: Companhia das Letras, 2001.

74. GLEISER, M. **Criação imperfeita**: cosmo, vida e o oculto da natureza. Rio de Janeiro: Record, 2010.

científica do monoteísmo. Não é de hoje que cientistas dizem que, escondido na complexidade existente na natureza, há uma única realidade que, por sua vez, é mais fácil de ser compreendida. A "Teoria do tudo" liga as tradicionais leis da física, que regem grandes corpos e grandes forças, à ideia de que as partículas, apesar de pequenas, são essenciais. Foi com o objetivo de comprovar essa tese que o autor escreveu a obra.

O professor e escritor Stuart Kauffman acredita que criação imperfeita representa o início de uma fase em que a sociedade verá o mundo e suas mutações de maneira diferente, e Gleiser desmonta um dos maiores mitos da ciência e da filosofia ocidentais: o de que a natureza é regida pela perfeição. Em *Criação imperfeita*, o cientista brasileiro destaca a importância de coisas imperfeitas no desenvolvimento da matéria e do ser humano.

Ele acredita ainda que a assimetria de algumas coisas é responsável por algumas das propriedades básicas da natureza e que as transformações que ocorrem no mundo são fruto de algum desequilíbrio. Inverte a ideia do poeta Vinicius de Moraes de que "beleza é fundamental", pois alega que o imperfeito é que deve ser celebrado em vez da perfeição.

Gleiser argumenta que todas as evidências apontam para uma realidade em que as imperfeições e as diferenças são imprescindíveis na matéria e no tempo.

O livro sugere um novo "humanocentrismo", em que todo e qualquer tipo de vida é, segundo o autor, "raro e preciso". Para o astrônomo, o surgimento de todas as estruturas materiais é fruto de alguma assimetria.

O ganhador do prêmio Nobel de química, Roald Hoffmann, concorda com o pensamento do autor e afirma que Gleiser é uma espécie de "guia lúcido" para encontrar a beleza em um universo cheio de imperfeições.

Artigo publicado em 26 de junho de 2010 no Jornal do Brasil

A beleza salvará o mundo

A célebre sentença do escritor russo Fiódor Dostoiévski, "a beleza salvará o mundo", e a ideia da arte como remédio para os males humanos são o tema do inspirado ensaio do búlgaro Tzvetan Todorov, publicado no Brasil pela Editora Difel.[75]

Na atualidade, a beleza está associada ao produto. Todorov, no entanto, a vê como um sentimento de uma "realização interior". Diz que a beleza não é algo que se vê, mas é algo que se vive. Para ele, a arte seria a busca obsessiva da beleza, e só ela, incorporada a um poema, a um concerto, a um quadro, a uma música, seria capaz de salvar o mundo. Salvar de quê? Da decadência, da fragmentação, do caos, da fraqueza humana, da precariedade. E a arte fica, permanece.

---

75. TODOROV, T. **A beleza salvará o mundo**. Rio de Janeiro: Difel, 2006.

Em seu ensaio, Todorov centra o argumento em três grandes artistas: Oscar Wilde, Rainer Maria Rilke e Marina Tsvetaeva. O irlandês Oscar Wilde viveu em busca da beleza e, em seu célebre livro *O retrato de Dorian Gray*,[76] sintetizou o sentido da vida para ele: "É melhor ser belo do que ser bom". Para Rilke, o objetivo do poeta não é explicar o mundo, mas "vê-lo por dentro". O poeta se assemelha a um cão "que não deseja atravessar o mundo com o olhar, à maneira de um sábio, mas se instalar em seu interior".

Rilke foi o autor predileto da grande poetisa russa Marina Tsvetaeva, que traduziu para o russo as célebres *Cartas a um jovem poeta*.[77] Para Marina: "A poesia é a língua dos deuses. Os deuses não falam, os poetas falam por eles". "A arte não é uma emanação pura do mundo espiritual, é uma encarnação", diz a poetisa russa. Defendia uma existência à luz da arte, com a beleza como a manifestação do absoluto.

Sendo a beleza, antes de tudo, um sentimento, uma vivência, as pessoas podem se tornar belas e acender o sol de suas vidas ao dar sentido a elas. Pablo Picasso já dizia: "Tem gente que faz do sol uma/ simples mancha amarela./ Tem gente que faz de uma/ simples mancha amarela/ o próprio sol".

---

76. WILDE, O. **O retrato de Dorian Gray**. São Paulo: Penguin-Companhia, 2012.

77. RILKE, R. **Cartas a um jovem poeta**. São Paulo: Biblioteca Azul, 2013.

Para Gibran, a beleza seria uma luz que vem do coração, também um sentimento. E a poetisa grega Safo de Lesbos assim sintetiza o tema em seu célebre poema "O belo e o bom": "Quem é belo é belo aos olhos e basta. Quem é bom é subitamente belo". Deixem o sentimento da beleza invadir a sua vida, pois as pessoas não nascem, mas se tornam belas.

Artigo publicado em 18 de abril de 2011 na Folha de Pernambuco

Jogo de Deus

Vivemos a era da velocidade e sob a pressão (opressão) do relógio. O relógio antes ficava na praça. Depois invadiu nossa casa e passou a nos tiranizar da parede. Como progresso, foi entrando em nosso bolso e chegou ao nosso pulso. Agora está dentro do coração, onde marca o passo.

Vivemos sob o feitiço do tempo, que é um jogo de Deus. Mas é a eternidade que dá sentido à vida. Tempo é movimento. Repouso é eternidade. "A eternidade é um jogo e uma esperança", já dizia Platão. Rubem Alves, em seu *Concerto para corpo e alma*,[78] apregoa-nos que eternidade não é o tempo sem fim; eternidade é o tempo completo, esse tempo do qual a gente diz "valeu a pena".

A mente, esse portal do ser humano, lutando para escapar do confinamento e do feitiço do tempo, insiste em resistir e produz, entre outras coisas, arte. A arte é uma

---

78. ALVES, R. **Concerto para corpo e alma**. Rio de Janeiro: Papirus, 2012.

tentativa de se eternizar. É uma briga do homem com a morte e com o tempo, que é um relógio mágico e trágico que marca a vida.

O sociólogo e antropólogo Gilberto Freyre falou de um tempo tríbio, em que o passado, o presente e o futuro estão dinamicamente inter-relacionados. Cunhou tal conceito com base nas considerações de Santo Agostinho sobre a essência do tempo, no livro XI das *Confissões*[79] — considerações que foram magistralmente sintetizadas pelo poeta T. S. Eliot nos versos iniciais de "Four Quartets" (1943), que nos traz a seguinte mensagem: "O tempo presente e o tempo passado/ Estão ambos talvez presentes no tempo futuro./ E o tempo futuro contido no tempo passado./ Se todo tempo é eternamente presente,/ Todo tempo é irredimível".

Em *As emboscadas da sorte*,[80] o escritor Maximiano Campos afirma que tudo é velho e novo, e só o tempo não tem idade. O homem carregará as lembranças do seu passado, mas será sempre novo, mesmo além da sua vontade. E, em texto intitulado "Ladrão de tempo", Maximiano diz que o maior ladrão é o de tempo.

A humanidade ainda está presa a conceitos lineares de tempo e espaço. Albert Einstein revolucionariamente fundiu tempo e espaço em um contínuo que chamou espaço-tempo.

---

79. SANTO Agostinho. **Confissões de Santo Agostinho**. São Paulo: Penguin-Companhia, 2017.
80. CAMPOS, M. **As emboscadas da sorte**: contos. Recife: UFPE, 1971.

204 Resistir na era das incertezas

A mente, esse portal
do ser humano,
lutando para escapar
do confinamento e
do feitiço do tempo,
insiste em resistir
e produz, entre
outras coisas, arte.

Em 1988, Stephen Hawking publicou sua hoje famosa obra *Uma breve história do tempo*,[81] do ponto de vista de um físico. A física quântica tenta explicar a direção do tempo. Na presença de campos gravitacionais intensos, podem existir caminhos que levem ao passado. Por isso, é possível passar duas vezes pelo mesmo ponto no espaço-tempo. Deveríamos entender o tempo como um círculo, e não uma linha reta, como imaginou a história ocidental, e afirmar que ao caminhar para o futuro nos aproximamos do passado.

Proust, na literatura, escavou com profundidade em busca do tempo perdido. Será que a vida não é buscar e mesmo perder, proustianamente, o tempo? O poeta russo Joseph Brodsky nos instiga: quem é mais nômade? Aquele que se desloca no espaço ou aquele que migra no tempo?

Na realidade, há dois modos básicos de percepção do tempo: o quantitativo e o qualitativo, ou melhor, o cronológico e o existencial. O modo quantitativo adota um fato como referência e um fenômeno periódico para a contagem do tempo. Na cultura cristã, considera-se o ano do nascimento de Cristo como inicial e o ciclo da Terra em torno do sol como período de um ano. O modo qualitativo considera as mudanças que ocorrem em nossa vida. Usamos expressões como novo tempo, tempos difíceis e

---

81. HAWKING, S. **Uma breve história do tempo**. Rio de Janeiro: Intrínseca, 2015.

tempos fáceis. No filme *Perfume de mulher*[82] o personagem cego representado por Al Pacino pede a uma jovem que dance um tango com ele. Ela diz que não pode porque, em instantes, seu noivo chegará. E ele retruca: "Em um instante se vive uma vida".

Esse é o tempo qualitativo ou existencial. Podemos intuir o tempo como relativo ou mesmo uma ilusão. Afinal, aprendi a contar melhor o tempo. Ele não se conta pelas folhas que secam e caem no caminho, mas pelos frutos colhidos ao longo da vida. O tempo não é mais que um momento, mas será eterno se for belo o gesto. *Carpe diem*, como já disse o poeta Horácio.

Artigo publicado em 5 de abril de 2010 na Folha de Pernambuco

---

82. PERFUME de mulher. Direção de Martin Brest. Itália: Universal. 1992. (157 min).

Capítulo 8

Acredite no amor

O maior dos dons

Nada de humano me é estranho, mas também nunca devemos aceitar por inteiro o alheio – eis a regra do Rei, no dizer de Guimarães Rosa.

Três sentimentos tenho de grande significado na vida: o amor, a fé e a esperança.

Então me pediram para falar sobre o amor. Talvez o amor seja um tema muito batido, mas, por isso mesmo, renovável. Assim, peço a paciência e a atenção de vocês, caros amigos e leitores, para falar mais um pouco sobre o grande tema da vida, que, a meu ver, é o amor. "Toda a vida do homem sobre a face da Terra se resume a buscar o amor. Não importa se ele finge correr atrás de sabedoria, de dinheiro ou de poder", afirma Paulo Coelho.

As guerras – inclusive as que já existem e as que se avizinham –, a fome, a violência, o terrorismo, a intolerância, são diferentes sinônimos ou diferentes faces da palavra desamor no mundo.

Acredite no amor

Todos os grandes iluminados da história estavam ligados a ações vinculadas ao amor, como Jesus Cristo, Buda, Madre Tereza de Calcutá, Martin Luther King e Gandhi.

A definição clássica de amor é muito associada ao sentimento, mas ele significa também respeitar o próximo, procurar o melhor de cada pessoa.

O jurista italiano Francesco Carnelutti já dizia que o Direito é um triste substitutivo do amor. Quando o amor e a compreensão cessam, nasce o Direito para dirimir os conflitos entre os homens. O psicanalista Erich Fromm, no seu livro *A arte de amar*,[83] afirma que o amor é a única resposta sadia e satisfatória para o problema da existência humana. Carlos Drummond de Andrade, autor de "Amor, pois que é a palavra essencial", e "Amar se aprende amando", diz: "Amor, a descoberta de sentido no absurdo de existir".

Amo, logo existo, diz o poeta argentino Horacio Ferrer. Khalil Gibran, em sua obra *O Profeta*, disse que o trabalho é o amor feito visível.

Na medicina, Patch Adams, no filme *O amor é contagioso*,[84] ensina-nos que o grande remédio é o amor. Amadeus Mozart, o genial compositor austríaco, diz-nos que nem uma inteligência inusitada ou grande imaginação nem ambas juntas fazem um gênio. Amor,

---

83. FROMM, R. **A arte de amar**. São Paulo: Martins Fontes, 2015.
84. PATCH Adams, o amor é contagioso. Direção de Tom Shadyac. EUA: Universal. 1998. (115 min).

amor, amor é a alma do gênio. Eça de Queiroz disse que a missão da arte é ensinar a amar. A primeira carta de São Paulo aos Coríntios, capítulo 13, na Bíblia, intitulada "O amor é o Dom Supremo", apregoa-nos que ainda que eu fale as línguas dos homens e dos anjos, se não tiver amor, nada serei.

Henry Drummond e Paulo Coelho, em seu *O dom supremo*,[85] que é uma releitura dessa carta de São Paulo, diz-nos com grande sabedoria que o amor é a regra-síntese. A regra que resume todas as outras regras e mesmo as doutrinas. E diz mais: quem nunca amou é porque o espírito de Deus nunca nele habitou. Jesus Cristo sintetiza o seu pensamento neste mandamento: amai-vos uns aos outros assim como eu vos amei.

O veio central das escrituras é o amor. Na realidade, o cristianismo é um grande espetáculo do amor. E aquele que não ama não conhece a Deus, porque Deus é amor. Uma vez, alguém me disse que o amor não existia. De pronto respondi que, se ele não existisse, nós o criaríamos e, com o sopro de nossa criação, ele teria vida e forma.

E o amor entre um homem e uma mulher? Isabel Allende, no início do seu livro *De amor e de sombra*,[86] conta a história de um homem e uma mulher que resolveram amar-se plenamente e libertar-se da vida

---

85. DRUMMOND, H.; COELHO, P. **O dom supremo**. Rio de Janeiro: Paralela, 2019.
86. ALLENDE, I. **De amor e de sombra**. Rio de Janeiro: Bertrand, 2019.

vulgar. E eles, diz ela, contaram-lhe a sua história para que ela a testemunhasse e para que o vento não a levasse. Gabriel García Márquez, o Gabo, em *O amor nos tempos do cólera*[87] e nas *Memórias de minhas putas tristes*,[88] mostra que o amor não tem idade e pode explodir/acontecer na maturidade. Neste último, encontra-se a seguinte frase: "O sexo é o consolo que a gente tem quando o amor não nos alcança".

O amor é a possibilidade da revolução a dois. Se você tiver amor, você não morrerá de sede no mar da vida. Marco Antônio e Cleópatra imortalizaram o seu amor na Antiguidade. Tristão e Isolda tiveram um lendário amor na Idade Média. Romeu e Julieta se amaram até a morte. Leon e Sônia Tolstói, Evita e Juan Perón, Sissi e o imperador Francisco José, e Giuseppe e Anita Garibaldi são também exemplos amorosos. O amor revolucionário de Sartre e Simone de Beauvoir. John Lennon e Yoko Ono viveram uma interessante interdependência alguns anos atrás.

Miguel de Unamuno, no entanto, adverte: "O amor, leitores e irmãos meus, é o que há de mais trágico no mundo e na vida; o amor é filho do engano e pai do desengano; o amor é consolo no desconsolo, é a única medicina contra a morte, sendo, como é, irmão dela.

---

87. GARCÍA MÁRQUEZ, G. **O amor nos tempos do cólera**. Rio de Janeiro: Record, 1986.
88. GARCÍA MÁRQUEZ, G. **Memórias de minhas putas tristes**. Rio de Janeiro: Record, 2021.

[...] O amor busca com fúria, através do amado, algo que está além deste e, como não acha, desespera".

O filme *2046: os segredos do amor*,[89] do cineasta chinês Wong Kar Wai, retrato da parcialidade do erotismo contemporâneo, tenta passar a mensagem do fim da plenitude, da inteireza. Para ele, o verdadeiro amor é impossível. Assim, só o amor impossível é o verdadeiro amor, ou melhor, só o parcial existe e nos excita.

A incompletude é a única possibilidade humana. Contudo, em que pese o brilhantismo dessa visão do cineasta de Hong Kong, a própria história e a grande arte negam essa impossibilidade.

Tudo o que sei sobre o amor é que ele é tudo.

William Shakespeare, o grande poeta e dramaturgo inglês, já dizia que "o amor é tudo. O resto é abismo". Só o amor vence a morte. É o amor, e não a vida, o contrário da morte.[90] Só o amor tem a chave da vida para desvendar o grande mistério da existência humana. Os que trilharam verdadeiramente esse caminho atingiram a iluminação. Isso tudo pode parecer óbvio, mas é difícil de aceitar e aplicar em nossa vida.

Neste início de um novo ano, marcado pela insanidade da guerra e pelas incertezas de uma grave crise econômica e também de valores, insistimos em renovar as nossas esperanças de que o homem, finalmente, descubra a força transformadora do amor, por meio de

---

89. 2046: os segredos do amor *op. cit.*
90. FREIRE, R. **Cleo e Daniel.** Porto Alegre: L&PM, 2012.

ações solidárias para com os seus irmãos. Afinal, quando formos julgados o seremos pelas ações para com nossos semelhantes.

Deus permitiu que eu visse, à minha maneira, que o grande tema da vida é o amor. É possível que, desde então, o meu entendimento sobre a vida, no lugar de ficar resolvido, tenha-se tornado um mistério, mas o meu espírito, finalmente, logrou ficar mais próximo da paz.

O amor e a religião no futuro

Apresentar às pessoas uma clara perspectiva de como construir o mundo que desejamos, ou o que vai existir independentemente de nossas vontades, analisando possibilidades e pontos determinantes do passado e do presente sobre um assunto específico, é o objetivo da futurologia, a ciência que estuda o futuro. Apesar da exigência de elevado grau de precisão em suas abordagens, o papel de um futurólogo não é indicar o que vai acontecer, mas o que pode vir a se desenrolar como tendências em médio e longo prazo. Os cenários, portanto, são definidos como possíveis, prováveis ou desejáveis.

A maioria das pessoas não está familiarizada com a futurologia, embora haja estudiosos e conhecimento do exercício dela em quase todas as áreas da ciência: na Sociologia, no Marketing, na História, na Demografia. Assim, a futurologia apresenta-se como uma significativa ajuda na tomada de decisões, e o desenvolvimento de um bom trabalho nesse campo depende de muitos estudos e pesquisas.

Um dos maiores futurólogos que já tivemos foi o luso-brasileiro padre Antônio Vieira (1608-1697), com seus célebres e geniais sermões (editados em dezesseis volumes) e os livros "Histórias do futuro" (volume I e II). Suas ideias de abolir a distinção entre cristãos-novos (judeus convertidos perseguidos à época pela Inquisição) e cristãos-velhos (católicos tradicionais), de defender o fim da escravatura e criticar severamente a Inquisição, mostravam que o padre Antônio Vieira era um grande pacificador, um homem realmente à frente de sua época.

Atualmente, um dos futurólogos mais comentados no mundo é Adjiedj Bakas, autor de vários best-sellers, como *Living Without Oil*[91] [Vivendo sem petróleo, ainda sem tradução para o português] e *Beyond the Crisis*[92] [Além da crise]. Filho de indianos, Bakas nasceu em 1963 no Suriname, mas vive e trabalha na Holanda desde 1983. Especialista em ciência da comunicação, Adjiedj Bakas combina conhecimento do mercado de diversão com distribuição de informação de entretenimento, sendo hoje um dos trendwatchers (profissional que realiza análises e monitoramento das macrotendências, coordenação de pesquisas e acompanhamento dos estudos

---

91. BAKAS, A; CREEMERS, R. **Living Without Oil**: the new energy economy. Oxford: Infideas, 2010.

92. BAKAS, A. **Beyond the Crisis**: the future of capitalism. Oxford: Trend Office Bakas, 2009.

realizados por agências especializadas) mais badalados do mundo.

Autor de dez livros publicados, todos nessa linha das tendências para o futuro, e dono de um bom humor contagiante, Bakas é frequentemente convidado para proferir conferências em países de todo o mundo.

Considerado pela imprensa internacional especializada em literatura como um fascinante pesquisador, um falante visionário e uma figura pública provocante e inspiradora, Bakas faz jus às classificações em duas de suas obras mais instigantes: O *futuro de Deus*,[93] escrito, em 2006, em coautoria com Minne Buwalda, e O *futuro do amor*,[94] concluído em janeiro deste ano.

Em O *futuro de Deus*, Bakas e Buwalda apresentam 49 tendências em religião e espiritualidade. O livro mostra que a transformação do mundo em uma grande aldeia global ofereceu múltiplas chances para algumas pessoas, mas há muitos que se sentem ameaçados com essa situação.

A globalização, sem dúvida, causou impacto sobre a religião. Os grupos religiosos que não conviviam há cinquenta anos hoje vivem e trabalham nos mesmos bairros e escritórios.

---

93. BAKAS, A.; BUWALDA, M. **O futuro de Deus**: ética, religião e espiritualidade na nova ordem mundial. São Paulo: A Girafa, 2011.
94. BAKAS, A. **O futuro do amor**: intimidade, sexo união e solidão na nova ordem mundial. São Paulo: A Girafa, 2011.

A futurologia apresenta-se como uma significativa ajuda na tomada de decisões, e o desenvolvimento de um bom trabalho nesse campo depende de muitos estudos e pesquisas.

Já em *O futuro do amor*, Adjiedj Bakas traz afirmações cortantes, ácidas para o leitor, fazendo-o refletir sobre novos paradigmas em ideias pertinentes que o posicionam nas condições atuais de vivência humana e relacionamentos interpessoais. O autor responde a questionamentos, a exemplo de: Como o amor se relaciona com o trabalho? Como a tecnologia e globalização se unirão com o amor? Será que vamos avançar para múltiplas relações (o que Bakas chama de a "latinização de amor") ou caminhar para a monogamia serial? Como continuará a divisão aguda entre homossexuais e heterossexuais, agora que há cada vez mais "cruzamentos"? Será que vamos chegar a uma multissexualidade?

Nesse que pode ser considerado um de seus livros mais fascinantes, Bakas descreve a evolução da vida amorosa de pessoas de várias gerações, além de estilos de vida e práticas étnicas e culturais no mundo veloz de hoje. A Girafa vai lançar os interessantes *O futuro de Deus* e *O futuro do amor*, em julho, aqui no Brasil e Adjiedj Bakas virá para proferir uma de suas famosas palestras. É esperar e conferir.

Artigo publicado em 19 de abril de 2010 na Folha de Pernambuco

Conclusão: O mundo como vontade e representação, Schopenhauer[95]

"O mundo é a minha representação": com essas palavras o filósofo abre a sua grande obra publicada em 1819, composta de quatro livros, com segunda edição em 1833, que traça uma série de considerações sobre a condição humana.

Essa obra é um dos mais importantes livros já escritos em todos os tempos. Influenciou Freud, Jung, Nietzsche, Tolstói, o compositor Wagner, Einstein entre outros.

O grande poeta Goethe teria conhecido Schopenhauer aos 19 anos e disse a sua mãe que ele era um gênio. Foi um importante incentivador do filósofo.

Após ler tal livro, dizem que Machado de Assis se recolheu e escreveu *Memórias póstumas de Brás Cubas*.

A vontade, segundo Schopenhauer, constitui a essência do homem, independentemente da representação,

95. SCHOPENHAUER, A. **O mundo como vontade e representação**. Rio de Janeiro: Contraponto, 2007.

não se submetendo às leis da razão. Desde que o mundo é vontade, não pode deixar de ser um mundo de sofrimento. A solução para o mal não está no conhecimento, mas no aniquilamento da vontade, aproximando-se Schopenhauer do ideal de Buda, o desperto.

A vontade é, antes de tudo, uma vontade de viver. Ela triunfa da própria morte em razão da reprodução. Por isso o instinto da reprodução é o mais forte de todos os instintos, segundo Schopenhauer.

É um dos filósofos que mais influenciaram a obra de poetas brasileiros como Antônio Cícero e Alberto da Cunha Melo. Esse último, em poema dedicado a Schopenhauer, assim diz:

> Para cada sonho uma lápide
> sóbria como o próprio cortejo,
> depois disso, treinar seu cão
> para morder qualquer desejo;
>
> rasgada a farda da alegria
> que, na batalha, o distraía,
>
> agora a dor, em tempo célere,
> pode estender, com dignidade,
> sua cólera à flor da pele,
>
> para sarjar com sua lança
> tantos tumores da esperança.

Este livro foi impresso pela Gráfica Assahi
em papel pólen bold 70g em fevereiro de 2023.